歴史文化ライブラリー

253

西南戦争

戦争の大義と動員される民衆

猪飼隆明

吉川弘文館

目次

逃げ惑う熊本城下の人々――プロローグ

（明治一〇年）二月十九日も、身を切るような寒い風が強く吹き荒《すさ》んでいた。お午《ひる》近くである。にわかに門前が騒々しくなった。「お城に火がついたぞ」と叫ぶ声が聞こえて来た。私はびっくりした。父はもっと驚いて立ち上がった。裏切り者の仕業《しわざ》か、それとも士族連の斬り込みか。熊本城下は一瞬にして魂を奪われた。しかし、まだ薩摩《さつま》の軍勢は城下には入っていなかったのである。村の若い者は勿論、老人も女も子供も、白川の堤防へと駈《か》けて行った。……私は次太郎と共に、父の後に従いて、お城のよく見える長六橋《ちょうろくばし》に行った。本山《もとやま》から迎町《むかえまち》にかけては、大変な騒ぎで、長六橋に来てみると、付近は人で埋まっていた。お、炎々と燃える天守閣！　窓から凄まじい火焔を吹いて、強風が黒煙を龍巻きのように、空高く巻きあげ、城下の街々へ火の粉を降らしている！　強風にあおられて火勢はますますつのるばかりである。暫《しばら》くすると天守閣全体が、一つの火の塊《かたまり》となつて昇天するかのようである。……大火は二十日の夜になつて漸《よう》く鎮まつたが、城下の殆《ほと》んど全部が見渡す限りの焦土《しょうど》と化して惨憺《さんたん》たる光景であつた。この大火は薩軍の侵入に備えて鎮台《ちんだい》が火を放つたものであるが、当時一般の人には考え及ばないことであつた。薩軍の隠密《おんみつ》が侵入して放火したとか、あるいは熊本士族が呼応して火を放つたとか色々の流言が飛んでいた。

これは、石光真清《いしみつまきよ》の『城下の人』の一節である。二月一九日の熊本城と城下の火災と城下の人々の狼狽《ろうばい》ぶりを活写している。

その生涯にわたって、阿蘇《あそ》の外輪山《がいりんざん》一帯に二〇〇〇本もの石道標を作ったことで知られる阿蘇郡尾下《おくだり》村の甲斐有雄《かいありお》は、二月一五日に所用で熊本城下に入った。その時すでに城下は、「軍《いくさ》の噂とりどりに市中家中を立出でて」避難する人でごった返していた。その日は熊本城下の商人町古町《ふるまち》に宿をとり、翌一六日村に帰ってそのことを話すと、「小牧なる広《ひろ》瀬周平《せしゅうへい》横手を打ち、荷物運送の賃もがなと、若者等誘立て、一八日出でて行」ったという。駄賃稼《だちんかせ》ぎに城下に出かけたのである。

（二月）十九日（旧暦正月七日）、朝の五つとおぼしきころ（午前八時頃）、大砲二発音すより、熊本御城と見へて、龍の登るが如きの黒煙り立登り、軍の噂が誠となりしが、八つ比《ごろ》まで煙立ちぬ。

出口甚蔵《でぐちじんぞう》・小牧勝右衛門《こまきかつえもん》列三名立かへり、いき突あへず物語に、壱人前五拾銭宛《ずつ》にて、熊本から木山《きやま》迄荷を運で、立かへり紺屋町《こうやまち》ニ入込む所、御城真黒に焦上《こげあが》るにぞ、それ逃げよとかけ出し見れば、所々方々に火起りて、十方ぐれんの闇となり、気も狂乱し、振返り見れば、眼飛出して来る者有り。すは追いてくるぞと一生けん命走る所に、最早《もはや》たまらず追付たるを見れば、是も同じ逃ぐる人。人力共に荷車に寄るも懸るも頼むぞと、ごふく、反物《たんもの》、家具、家財なげ込みなげ込みつかミ懸け、山の如く成りたるが、ぼろぼろと崩《くずれ》落《お》つるもかまはずに、走り行く。此我々もいのちからがら立ちかへりしと云。弐番帰村の物語、御城を始め、慶徳堀《けいとくぼり》、明午橋《めいごばし》、新屋敷迄焼亡し、残る土蔵、居倉は戸締めて人壱人も居らばこそ、通行するは巡査のみ。ふしんな者は切捨にて、又川尻には船数多く遠眼鑑《とおめがね》にて拝見候との物語。（甲斐有雄「肥の国軍物語」、熊本女子大学郷土文化研究所『西南役と熊本』〈熊本県史料集成第一三集〉一九五八年、日本談義社。なお、一九八五年、国書刊行会より復刻）

翌日もはるか熊本城下に「火明り」がみえ、その次の日（二一日）も「熊本ひめ《（ね）》もす煙立ち、西山へなびく」。このような事態に、甲斐有雄は「誠に旧藩士族も国を大事に守るなら、かかる難儀は有まじに。前《さき》つかた鎮台を闇討し此度も旧士の手引を頼ミ、隼人《はやと》の薩摩より付込み攻めくるを幸に引廻し焼立たる。我庵も煙と成て消失《きえう》せ、住所さへなかりしを、有人の、肥後狸薩摩狐にだまされて、西郷べかふ《ふか》た面のぬくさよ」と感慨を述べる。

維新の功臣である西郷隆盛が、なぜ蜂起したのか。なぜ「面にくい」と思われるような存在になったのか。それを明らかにするためには、一八七三年（明治六）の征韓《せいかん》論争にまで遡って語らなければならないが、その余裕はない。それについては、筆者の『西郷隆盛―西南戦争への道―』に譲る。

ともあれ、私学校軍が鹿児島を進発した二月一五日から、西郷が鹿児島の城山《しろやま》で自刃《じじん》する九月二四日までの、七ヵ月余の内戦について、とくに民衆にとって如何なる意味があったのかについて問うてみよう。

西郷の大義と私学校軍

西南戦争の契機

西郷蜂起の名分大義

一八七六年（明治九）一〇月二四日の神風連《しんぷうれん》の熊本鎮台等への襲撃、それに呼応して二七日に福岡の旧秋月《あきづき》藩士が起こした反乱、翌二八日の山口県士族の蜂起、これらの旧士族の反乱のニュースを、西郷隆盛は、すでにもう何ヵ月も逗留している日当山《ひなたやま》温泉で聞いた。これらの士族の反乱をうけて西郷がどのような行動に出るのかと、その動静を探りに行った熊本の二人の巡査から、初めて聞かされたのである。西郷は、「両三日、珍しく愉快《ゆかい》の報を得申し候」と桂久武《かつらひさたけ》に書き送った（明治九年一一月―日欠―付、『西郷隆盛全集』第三巻、大和書房）。そして、「最早《もはや》大坂辺は手に入れ候わんかと相察せられ申し候」などといい、天長節《てんちょうせつ》を期日と相定め居り候趣に御座候処、機会に先んじ候向きに相伺われ申し候。天長節の期日に候えば、江戸には必ず手を組み居り候者これあり候わん。期日の定め方、外々にては、格別の機会日とは相考えられ申さず候

と述べる。これらの反乱が、天長節、すなわち明治天皇の誕生日である一一月三日を蜂起の日と決めながら、それに先んじてしまったのだろうと、西郷は勝手に推測して、その反乱に意義を見出していた。しかし、あいつぐ反乱の出発点となった神風連にとって、天長節云々は考慮の外にあった（蜂起の日取りは宇気比《うけひ》＝神慮により決定された）し、つづく反乱も天長節をその日と決めていたという事実はない。ところが、西郷にとっては、もし反乱するとすれば、天長節でなければ名分は立たないと考えられたのである。蜂起が、私怨にもとづくものではない正当なものであると天下に認めさせるためには、天皇のために、また天皇を奉じて蜂起するという名分をその蜂起の日によって示すことこそ重要なのである。そして、さらに「一度相動き候わば、天下驚くべきの事をなし候わんと、相含み罷《まか》り在り申し候」と、自ら起《た》つ意志があることを、ほのめかしていた。

熊本県四等警部山崎精一は、一八七六年一一月七日に人吉《ひとよし》を発って翌日鹿児島に入り、所々を探索して帰県、一二月一六日に報告書（『明治十年事変雑書類』熊本市立図書館所蔵。

宮下満郎「西南戦争における熊本県の探索（一）」『敬天愛人』一一号、一九八四年）を提出している。そこには、鹿児島県士族が、金禄公債《きんろくこうさい》証書《しょうしょ》発行条例の公布に動揺していること、そのことで特別のはからいを要求して大山綱良《おおやまつなよし》鹿児島県令が上京したことを報告し、このような折に神風連・秋月・萩と打ちつづいて反乱が起き、それについての士族の反応について次のように述べている。すなわち、「万一波及モ難計《はかりがたき》ニ付、警備ノ為兵器ヲ用意スルト唱へ、銃器刀剣等買求メ、或ハ修覆スル輩有之《これあり》」、また「県庁ヲ屠《ほふ》リ、羈旅《きりょ》ノ官吏ヲ殺シ、熊本鎮台ノ兵器ヲ奪イ上京スル」と言った「暴説」が語られるなど「人情騒然、余程切迫ノ形勢」が生まれているという。また、どういう理由からか、私学校の生徒が増え、私学校の中では「平穏無事ニ倦《う》ミタルヲ以テ、此勢《いきおい》ニ乗シ事ヲ挙《あ》ケン抔《など》暴論ヲ唱」える者まで出ている、「僻遠《へきえん》ノ地ニテハ城下ニ事アリト言イ、或ハ西郷大将有志輩ヲ率イテ上京」するから「随行」したい者は早急に申し出ろ、などと唱える者が出ていると伝えている。

熊本県三等巡査藤瀬《ふじせ》俊造《しゅんぞう》は、その三日後の一二月一九日の「鹿児島県探偵書」（同前）で、「市街ノ景況目撃スル処、銃器刀剣ヲ売買スル者多シ、当時鉛抔《など》ハ、県内ハ大概買尽シタル風聞」と記し、「県士勇気ニ馳《は》セ、挙《こぞり》テ各銃器刀剣ヲ撰《えら》ミ、臨時出発ニ備エ東京ノ報」を待っていると伝え、山崎報告同様、金禄公債証書発行条例が動揺の発端であり、大山県令の東京での政府交渉の結果次第では、私学校生徒を中心に事を挙げる可能性があると示唆しているのである。

この家禄問題については、鹿児島は「戊辰前後、王事国難ニ就テ国力ヲ傾ケ、莫太（大）鑑金其他武器等献納」するなど特別に尽力してきただけでなく、もともと旧鹿児島藩の売買禄は、藩士が自力で開墾した農地の収益であり、売買可能な私有財産なのだと、大山県令は頑固に主張し（落合弘樹『明治国家と士族』二〇〇一年）、その奮闘が実り、鹿児島県士族に対しては、追加処置が認められることになったのである。すなわち、一二月一一日の太政官布告第一五二号をもって、廃藩前から売買が許されていた家禄に限り、石高の多少にかかわらず一〇ヵ年分を公債化し、前の条例で利子の最大を年七分としたのに対して、年一割の利息が支払われることになったのである。こうして、このときの混雑は避けられたのであるが、私学校連のこの動きが、神風連以来の士族の反乱に刺激されてのことであることは言うまでもない。ただ、山崎も藤瀬も、鹿児島県士族の以上のような動きが、西郷らの意より出たものではないと、念を押すのを忘れてはいなかった。

刺客派遣問題

河野主一郎《こうのしゆいちろう》という人物がいる。彼は、西南戦争では、五番大隊一番小隊長として従軍し、戦争末期には山野田一輔《やまのだいっぽ》とともに、海軍中将川村純義《かわむらすみよし》に会見し、西郷隆盛の助命嘆願を行い、自らは戦後懲役一〇年の刑を受けた人物であるが、彼は次のように回想している（塩満郁夫「史料紹介『河野翁十年戦役追想談』」『敬天愛人』一八号、二〇〇〇年）。

明治九年八、九月頃より先生（西郷のこと…注）を暗殺せんとする者入り込めりとの風評あり、私も之には大いに心配して居《お》りたり。其時私は三十一歳なりき。此の事は極めて大事なり、御互ひ充分の注意を要すべしと友とも談《はな》し合ひ、寸時も油断することなかりき。一方私学校にありても二十頃の若者共と云ひ合はし、常に先生の近くに居るが可ならんとて十月頃より実行し、常に五、六人宛《ずつ》昼夜先生の近くに居らしめたり。勿論かかる事か先生の耳に入らは、叱《しっ》せらるること明かなるか故、密《ひそか》に護衛をなしたり。

西郷は、一二月のはじめから大隅《おおすみ》半島の小根占《こねしめ》に兎狩りに行ったので、四、五人の者が同じく兎狩りのように装ってあとを追い、秘かに護衛をした。その後、東京警視庁そのほか書生たちがあいついで帰郷してきていることを知り、誰が西郷を暗殺しようとしているのか、河野ら一〇人ほどで種々情報交換しながら警戒していたが、私学校生徒で、元足軽の、探偵の術に長じた児玉軍次《こだまぐんじ》（治）という人物に探偵を依頼し、ほかへも手を回していたところ浮かび上がった人物がいた。それが、伊集院《いじゅういん》の中原尚雄《なかはらなおお》であったという。

伊集院出身の少警部中原尚雄は、一一月末のある日、大警視川路利良《かわじとしよし》の宅で、鹿児島の動静や西郷の帰趨《きすう》等について聞かされることがあり、暮れの一二月二四日に中警部園田長《そのだなが》照《てる》・末広直方《すえひろなおかた》と、ともに帰省して探索しようと約束したという。早速翌二五日、中原は警視庁で川路に直接帰省の願書を手渡すと、川路からは「夫《それ》ハ好キ事ナリ、宜敷《よろしく》気張呉《きばりくれ》」との励ましの言葉をもらった。ついで、午後三時に園田宅に行くと、平田才七（中江塾書生、谷山出身）・野間口兼一（権中警部、出水《いずみ》出身）・猪鹿倉保（近藤塾書生、加世田《かせだ》出身）・大山綱介（外務相書生、加世田出身）・菅井誠（中警部、谷山出身）・伊丹親恒（一等巡査、加治《かじ》木《き》）・末広直方（権中警部、平佐出身）・山崎基明（権少警部、高岡出身）・高崎親章（権少警部、市来《いちき》出身）・安楽兼道（少警部、喜入《きいれ》出身）・土持高（少警部、加世田出身）ら、いずれも鹿児島出身の者が次々に集まってきて、「帰省ノ上ハ各郷ヨリ私学校入校ノ者ハ固《もと》ヨリ其外へ、名分之《これ》無キ師《いくさ》ヲ起スハ人臣トシテ有間《あるま》シキト云フ儀ヲ主張シ、入校ノ面々且ツ入校者願之者共ヲ引離シ度《たし》トノ事ニ決議」したという。こうして、一同は一二月二七日に東京を発って、横浜に一泊し、翌二八日午後九時に玄海丸《げんかいまる》に乗船して出航、「船中殊《こと》ノ外不宜、諸所停泊」して、鹿児島に着いたのは明けて一八七七年（明治一〇）一月一一日であった。中原と同じ決意をもって帰省する者があいついだ。

中原が言うのには、その後外出などもせず、「探偵ノ件々モハカドラ」ないうちに、二月三日に捕縛されたという。河野によれば、中原に照準を定めた児玉は、中原とは台湾征討の際同じ部隊に所属して仲の良かったという谷口藤《たにぐちとう》（登）太《た》を中原のもとにやることにしたという。河野は、「其の年（明治九年…注）の十一月頃なりしか、中原氏が宅に谷口氏行き」と書いているが、これは記憶違いで、中原が鹿児島に帰り着いたのは翌明治一〇年一月一一日だから、これはあり得ない。谷口の中原訪問は明治一〇年一月末のことである。中原は、自宅に熱狂的な私学校党の弟がいるので、町内の商家をかりて下宿していたが、そこを谷口が訪問したのである。中原は大いに喜び、焼酎を酌み交わして、つい心を許して西郷暗殺計画について語ってしまった。その後、谷口は、一月三〇日までに三度中原を訪問し、同じ目的で帰郷した仲間の名前や、彼ら相互で使用される暗号などをも聞き出すことに成功したというのである。谷口は、その三〇日夕刻、同志集合の本部としていた上之園町の高城七之丞《たきしちのじょう》宅に飛び込んで事情を知らせた（東郷實晴「西南戦争勃発までの県内

図1　西郷隆盛暗殺団

情勢」『敬天愛人』八号)。

こうして、中原尚雄が逮捕され、他の者も、鹿児島県の警部・巡査あるいは私学校生徒の手で、次々と身柄を拘束された。その数は合わせて五七名に及んだが、その中には西本願寺の権中教正大洲《おおず》鉄然《てつねん》もいた(藤瀬俊造の「鹿児島探偵書」には「一向真宗ハ近日盛大ニ相成リ」と、禁じられていた真宗が普及し始めていると伝えている)。中原の口供書によれば、「第一私学校ノ人数ニ離間ノ策ヲ用ヒ、我方ニ人数ヲ引入レ、私学校ヲ瓦解セシメ、動揺ノ機ニ投シ西郷ヲ暗殺致シ、速カニ電報ヲ以テ東京ニ告ク、海陸軍併セテ攻撃ニ及ヒ、私学校ノ人数ヲ鏖《みなご》ロシニイタシ候儀ヲ決定」したとある。もっとも、中原がそこまで言ったかどうか真偽のほどは定かではない。

私学校生の弾薬製造所襲撃

この間、中原らの一斉捕縛を促した事件があった。鹿児島にある兵器弾薬製造所の大阪への移転である。この弾薬製造所は、もとは薩摩藩所有のものであったが、海軍省に移管されていたものである。木戸孝允《きどたかよし》は、神風連の反乱以後の騒然とした状況から、これを大阪に移転すべきであると建議し、政府はそのように決定したのであるが、ただ、ただちに移転を強行すれば私学校生徒を刺激することになるだろうとの海軍大輔川村純義《かわむらすみよし》の意見もあり、時期を決めかねていた。しかし、鹿児島県下の不穏な情況が高まるなか、海陸軍は秘かに兵器弾薬の搬出を行うことにして、三菱会社所有の汽船、赤龍丸《せきりゅうまる》を回航させ弾薬を運び出そうとしたのである。この政府の策に感づいた私学校生徒らは、一月二九日夜、二十数名（市来四郎《いちきしろう》日記による。大山綱良口供書類では「三十人斗《ばかり》」とある。ともに黒龍会編『西南記伝』中巻一）が草牟田《そうむた》の陸軍火薬庫を襲撃、小銃弾六万発（陸上自衛隊北熊本修親会編『新編西南戦史』、なお『西南記伝』中巻一は「凡《およそ》六百個」としている）を略奪した。翌日夜には一〇〇〇名を越える私学校生徒が草牟田の火薬庫、磯集成館《いそしゅうせいかん》銃砲製作所および阪本上之原《さかもとうえのはる》火薬庫を襲撃、倉庫四棟を破壊して多量の弾薬を略奪し、荷車や人力車で私学校に運び込んだという。このような行為は二月二日夜まで連夜つづけられた（なお、参謀本部陸軍部編纂課編『征西戦記稿』上では、私学校生徒による弾薬庫襲撃は一月三一日が最初であり二月二日までつづけられたとある。政府の方は一貫していて、明治一〇年二月二五日付の太政大臣三条実美《さんじょうさねとみ》名による「使府県」宛て「行在所《あんざいしょ》達第五号」には「本年一月三一日夜、陸海軍省所属鹿児島県下ノ弾薬庫へ逆徒多人数不意ニ押入、貯蓄ノ小銃弾薬多数奪取」とあり、二月二八日付の征討総督二品親王有栖川宮熾仁《ありすがわのみやたるひと》名による「行在所達第五号」にも、「去ル一月三一日夜ヨリ二月二日ニ至ル迄、連夜ニ其県下ニ有之《これある》陸海軍ノ弾薬ヲ奪取シ」とある）。この間、鹿児島県は事件の報告を受けたが、それを阻止するなどの有効な手は打たなかった。

この私学校生徒による暴挙を聞いた桐野利秋《きりのとしあき》は鹿児島郡吉田郷から、別府晋介《べっぷしんすけ》は姶良《あいら》郡加治木《かじき》郷から、急ぎ鹿児島の篠原国幹《しのはらくにもと》邸に駆けつけ、善後策を協議し、取りあえず辺見十郎太《へんみじゅうろうた》を西郷のもとに遣ることにした。大隅の小根占《おねじめ》の平瀬十郎宅をでて、高山《こうやま》で猟を楽しむという生活をしていた西郷は、二月一日弟小兵衛から私学校生徒による弾薬庫等襲撃事件について第一報を入手していたが、二日、辺見らから事件の詳細を聞き、「いまさら出来たことは致し方もあるまい、とうとうお前たちに、わしの体をやる日が来た」といって、一行とともに帰途についたという。鹿児島に着いたのは三日の夜で、翌四日、私学校生徒が要所要所に哨線《しょうせん》を張るなかを、西郷は、桐野・篠原・別府・村田新八《むらたしんぱち》・池上四郎《いけのうえしろう》ら幹部を従えて私学校に入った。

ちょうど同じころ、中原尚雄らが次々逮捕され、私学校生徒と西郷がともに挙兵することは、もはや避けられないものとして準備されていくことになるのである。

さて、二月五日、私学校に、桐野・篠原・村田をはじめ、吉野開墾社主任永山休二・鹿児島県第四課長中島健彦《なかしまたけひこ》・鹿児島警察署長野村忍介《のむらおしすけ》・旧近衛中佐永山弥一郎《ながやまやいちろう》・池上四郎・別府晋介ら二〇〇名ばかりが集合して、如何になすべきかが論じられた。別府晋介が、中原一味をつきだして政府問罪の軍を出すべきだといえば、永山は政府の非を天下に明らかにするために、出兵の前に西郷・桐野・篠原・村田らの中から二、三人が上京して政府に詰問すべきではないかといい、村田は、自ら兵五〇〇を率いて西郷を護衛して政府に迫ろうと述べるなど、議論噴出、ついに桐野利秋が発言して、「西郷先生の決裁を仰ぐことにしたいが、現在の状況では区々たる大義名分などにこだわっている場合ではなく、ただ断の一字あるのみ、君側廓清《くんそくかくせい》・政体一新《せいたいいっしん》、この目的のために先生を押し立てて旗鼓堂々《きこどうどう》総出兵の外に採るべき途はないと思う」と述べると、嵐のような拍手に包まれたという。

西郷は、「私からは、もう何もいうことはない、みんながその気ならそれでよい。私の体はみんなにあげましょう、後は、よいようにして下さい」と述べて、政府問罪の挙兵が決定された（陸上自衛隊北熊本修親会編『新編西南戦史』）。

私学校の挙兵決定のニュースが伝わると、六日朝早くから、私学校に詰めかけて従軍を願い出る者引きも切らず、この一日だけで名簿に登載された者は、生徒ではない者も含めて、一三〇〇〇名を越したといわれる。私学校の門標も「薩摩本営」と書き換えられ、城下の一三の分校も「薩摩分営」とあらためられた。

この日の戦術会議では、西郷小兵衛が、海路長崎に向かい、そこで軍艦を奪い、二手に分かれて、一つは大阪・神戸に上陸し、今ひとつの隊は東京・横浜に直行して政府に迫るという案を主張したが、私学校が軍船をもっていないということでこの案は困難である、また野村忍介の、三道分進論（第一隊は熊本鎮台を牽制しつつ佐賀・福岡を経て東上する、第二隊は宮崎・大分を経て四国に渡り、高知の同志を糾合して大阪に向かう、もう一つの隊は豊後・豊前を経て下関に突入しさらに東上するという案）も、賛否分かれて大方の支持を得るということにはならず、池上四郎が主張したという、全軍進んで熊本城を囲み、これを陥れて東上するという戦略が、支持を集めた。

こうして、八日には、部隊の編制を開始し、各種軍需品・兵器の調達、兵の募集および新兵の訓練と、スピーディーに準備が行われ、一二日までに、一応の部隊の編制を終わった。

「政府へ尋問ノ筋有之」

そして、一二日、鹿児島県令大山綱良は、陸軍大将西郷隆盛・陸軍少将桐野利秋・陸軍少将篠原国幹連署の「拙者共事、先般御暇《おいとま》の上非役《ひやく》にして帰県致し居処、今般政府へ尋問の筋有之《これあり》、不日《ひならず》に当地発程候間、為御含《おふくみのため》此段届出候。尤《もっとも》旧兵隊之者共随行、多数出立致候間、人民動揺不致様《いたさぬよう》一層御保護及御依頼候也」との届出をうけた。ただ、この届出については、西郷が、自ら認めたのかどうか疑わしい。むしろ、西郷の兵を率いての鹿児島発程に、幾分でも合法性を付与したいと考える県令大山綱良の作成にかかるものと思われる。そして、これをうけて、県令は、次の布達を出したのである。

甲第九号

今般陸軍大将西郷隆盛外二名、政府へ尋問ノ筋有之、旧兵隊等随行、不日ニ上京之段届出候ニ付、朝廷へ届ノ上、更ニ別紙ノ通各府県並ニ各鎮台へ通知ニ及ヒ候。就《つい》テハ此節ニ際シ、人民保護上一層注意着手ニ及ヒ候条、篤ク其意ヲ了知シ、益々安堵可致此旨布達候事。

但、凶徒中原尚雄以下ノ口供相添候。

明治十年二月十二日　　鹿児島県令　大山綱良

（長崎県史料、「征討　薩賊挙兵」長崎県警察署罫紙写し、長崎県立図書館所蔵）

これには、「探偵捕縛明治十年二月三日」の「鹿児島県伊集院郷　士族正兵衛嫡子　少警部　中原尚雄　三十二才」の口供書（二月五日付）、および「鹿児島県牛山郷士族　中警

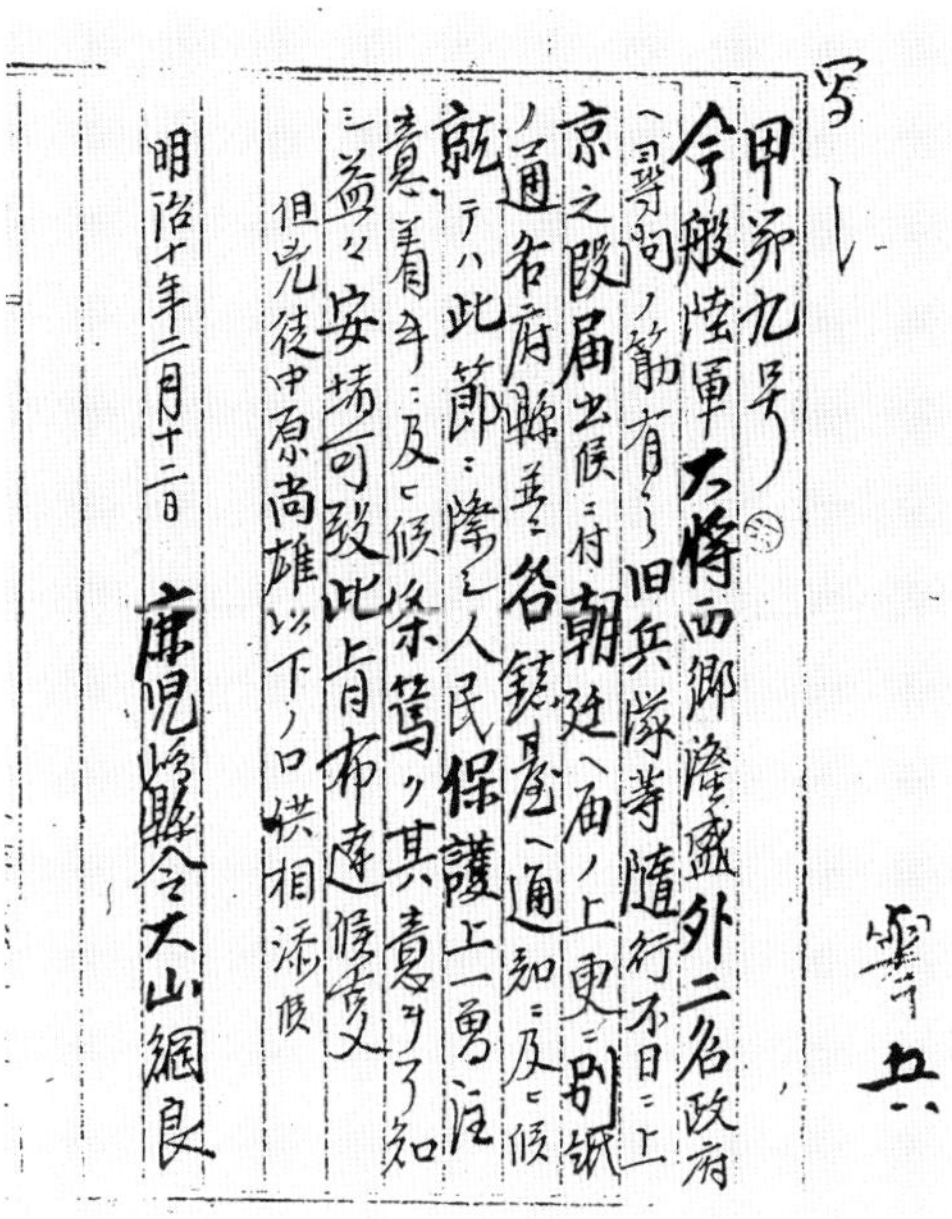
写し

甲第九号
今般陸軍大将西郷隆盛外二名政府
ヘ尋問ノ筋有之旧兵隊等随行不日ニ上
京之段届出候ニ付朝廷ヘ届ノ上更ニ別紙
ノ通各府県并ニ各鎮台ヘ通知ニ及ヒ候
就テハ此節ニ際シ人民保護上一層注
意着手ニ及ヒ候条篤ク其意ヲ了知
シ益々安堵可致此旨布達候事
但兇徒中原尚雄以下ノ口供相添候
明治十年二月十二日　鹿児島県令大山綱良

図２　「征討　薩賊挙兵」写し

部　園田長照」ら一四名連署の口供書（二月七日付）、「鹿児島県加治木郷士族　四等巡査前田素志」ら五名連署の口供書（二月七日付）、さらに「鹿児島県第一大区二小区十番地居住士族野邨《のむら》好酔嫡子　野邨綱」の二月一三日付口供書が添えられた。

そして、県令の名で、各鎮台・各府県に宛てた通知書が認《したた》められた。

今般当県官員へ専使申付、御通知ノ事件左ニ申進候。近日当県ヨリ旧警視庁江奉職ノ警部中原尚雄其外別紙人名ノ者共、名ヲ帰省等ニ託シ潜《ひそ》カニ帰県之処、彼等竊《ひそ》カニ国《こっ》憲《けん》ヲ犯サントスルノ奸謀《かんぼう》発覚シタルニ付、即チ御規則ニ本《もと》ツキ、其筋へ申付、該人名捕縛ノ上鞠問《きゅうもん》ニ及候処、図《はか》ラスモ該犯《がいはん》ノ口供別紙之通ニ有之候。就而者《ついては》右事件陸軍大将西郷隆盛・陸軍少将桐野利秋・陸軍少将篠原国幹等カ耳問（聞）ニモ相触タルカ、右三名ヨリ、今般政府へ尋問之筋有之、不日ニ当地発程致候間、御含ノ為メ此段届出候。尤旧兵隊之者共随行、多数出立致候間、人民動揺不致様御保護及御依頼候也トノ書面ヲ以届出候ニ付、県庁ニ於テ書面之趣御聞届之上、朝廷へ御届申置候間、為御心得此段及御通知置候也。

明治十年二月　　鹿児島県令　大山綱良

各鎮台

各府県　御中

この布達や通知書は、すでに知られているものであるが、掲載誌によって、少しずつ文言に相違がみられる。そこで、煩雑ではあるが、長崎県が記録した文言を忠実に写し取っておいた。なお、前の四通の口供書は、この記録では通知書の後に書き写されているものであるが、布達に添えられたものも同じであろうとの推測で、前に触れることにしたので

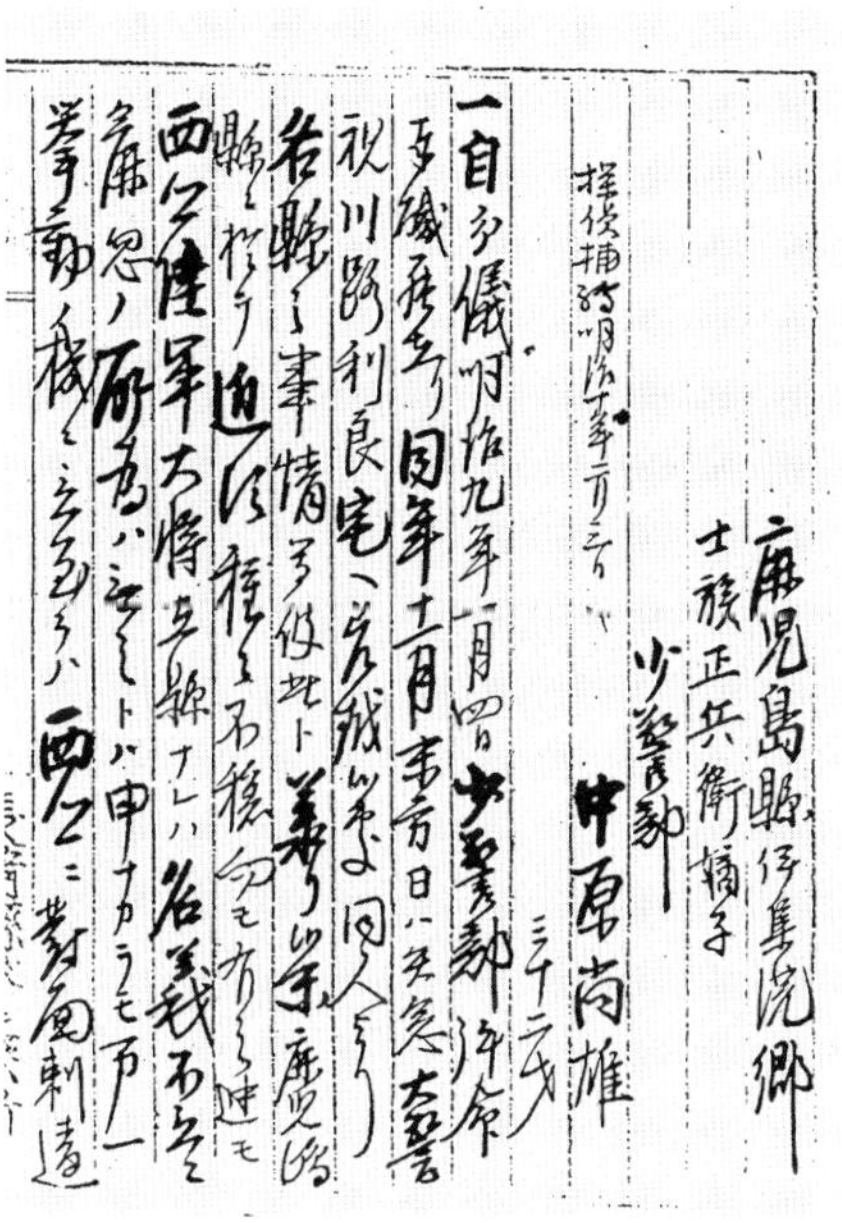
鹿児島県伊集院郷
士族正兵衛嫡子
少警部　中原尚雄
三十二歳

図3　中原尚雄の口述書

ある。

この鹿児島県令大山綱良の通知書が、「専使」によって熊本県庁に届けられたのは、二月一七日のことと思われる。熊本鎮台司令長官谷干城《たにたてき》少将は、神戸の陸軍参謀部につぎのように打電している。着電は、一七日午後一〇時四〇分である。

西郷ヲ暗殺セントハカル義ヲ糺《ただ》サン為メ、西郷・桐野・篠原等旧兵隊ノ者ヲ率ヒ通行致シ度段届ケ出タル趣ヲ以テ、県令ヨリ報知ノ為メ、只今官員三名到着シタリ。就テハ帯刀兵器ヲ携ヒ通行ニ付、臨機ノ処分ニ及フベク、此段御届申ス。且惣勢五大隊大砲二座ト申ス事ナリ。（『明治十年自二月四日至同二十八日　諸方来翰　神戸大坂之部　陸軍参謀部』防衛研究所図書館所蔵）

もちろん、鎮台の戦闘準備はすでに始められていたが、これについては後述する。

さて、西郷隆盛は、天長節であれば決起するに十分の名分があると考えていたことについてはすでに述べたところであるが、私学校生徒たちの爆弾製造所等襲撃という暴挙の発生によって、心ならずも起たざるをえなくなった。その理由が、せいぜい「今般政府へ尋問之筋有之」ということであれば、名分は全くないに等しい。

こうして、西郷は、名分のない戦いの旅に出ることになったのである。

薩軍の編制

西南戦争における薩軍の編制について述べる前に、その主体になった私学校について触れておく必要があろう。

私学校のこと

周知のように、西郷隆盛は、一八七三年（明治六）一〇月、征韓論争《せいかんろんそう》に敗れて、決然官を辞し、郷里鹿児島に帰った。論争そのものは、激しい論争であったが、閣議内部で秘かにたたかわれた論争であり、陸軍卿の山県有朋《やまがたありとも》ですら論争の破裂後、ことの真相を知らされたのである。参議であり、近衛都督《このえととく》であり、陸軍大将である西郷だけでなく、板垣退助《いたがきたいすけ》・江藤新平《えとうしんぺい》・後藤象二郎《ごとうしようじろう》ら有力者が一斉に下野《げや》したのであるから、世間は大いに驚愕した。多くの軍人・文官はましてやであった。西郷が、陸軍大将の地位を残して免職され

図４　鹿児島私学校跡

たのは一〇月二四日のことであるが、その日から二九日までの間に、篠原国幹陸軍少将ら薩摩出身士族で、西郷につづいて辞職した者は四六人に上った。以後も辞表の提出者はあいつぎ、彼らは次々と帰郷した。

この、帰郷した者たちは、時世を慷慨《こうがい》するばかりで、無為に日月を過ごし、「鹿児島県下は城下城外の別なく、人心頗《すこぶ》る興奮したる形勢」（南洲神社五十年祭奉賛会『西郷南洲先生伝』）となった。このままでは、あるいは不慮の事態も起こりかねないと心配して、西郷を中心に学校建設問題が起こされたのである。芳《かん》即生《のりまさ》は、私学校建設問題が起きたのは明治七年四月ごろだという（芳「県令大山綱良と私学校」『敬天愛人』八号）。大山県令は、「軍馬方跡」、すなわち旧厩跡《うまやあと》に学校を建設したいと陸軍省に願い出たが断られ、「外ニ場所取調申出候様」（大山の八月五日付篠原国幹・淵辺群平宛て書翰、『西南記伝』下巻二グラビア）と指令を受けた。このように容易には許可が下りなかったが、結局はその旧厩跡に銃隊学校と砲隊学校という二つの学校が建設されることになった。銃隊学校は篠原国幹がその監督の任にあたり、砲隊学校は村田新八がこれを監督することとした。そして、高見馬《たかみば》場《ば》・高麗町《こうらいちょう》・新屋敷《しんやしき》・荒田《あらた》・西田《にしだ》・常磐《ときわ》・草牟田・上之馬場・後迫《うしろざこ》・吉野・城ヶ谷《じょうがたに》の鹿児島府内の各方限《ほうぎり》に、さらに共立学舎をふくめて一二の分校がつくられた。さらに喜入《きいれ》分校の創立を皮切りに明治九年までにすべての郷にも分校が設けられたのである。これらの分校には、普通の郷校や旧藩時代に郷に属していた建物などが舎屋にあてがわれ、その維持費として官公林の払い下げなどが行われたという（溝上巌「大西郷と吉野開墾」『敬天愛人』五号）。溝上によれば、私学校という名称は、もともと砲隊学校・銃隊学校についてそう呼ばれていたのではなく、市内や各郷に分校が設立され、その分校が一八七二年の学制によって設立された公立の小学校（郷校や藩校が再編された）を、午後あるいは夜間に使用したことから、公立に対して私学校と呼ばれるようになり、ついで本校である砲隊・

銃隊学校を含め、総称しての名称となったのだという。そしてやがて、吉野開墾社（一八七五年四月に吉野寺山に教導団生徒の帰郷組を中心に設立された学校で、教導団学校とも呼ばれる）や鶴嶺社《つるがねしゃ》外（現、照国《てるくに》神社境内）に設立され、西郷の賞典禄《しょうてんろく》がその費用に充てられたいわゆる賞典学校（幼年学校）も、私学校の中の一つとして取り扱われるようになったのであろうとしている。

『西南記伝』上巻二によれば、私学校では造士館《ぞうしかん》の助教であった今藤慶助《いまふじけいすけ》が、隔日に『春秋左氏伝《しゅんじゅうさしでん》』および七書《しちしょ》を講じたとある。七書とは、『孫子』など中国の七部の兵書のことである。前に触れた河野主一郎は、私学校に結集しない者とは交際せず、彼らを「怠《だ》惰柔弱《にゅうじゃく》」だとして、優越感に浸っていたという（塩満郁夫「史料紹介　河野翁十年戦役追想談」『敬天愛人』一八号）。この意識が、やがて、西南戦争へと若者を駆り立てる要素の一つとなったものと思われるが、それ以上に重要なことがある。それは、鹿児島県下の大区の正副区長の多くに私学校の幹部級の人物が選任されていることである。

ことの起こりは、大山県令が西郷に、地租改正作業の順調な進展を期すために、市来《いちき》郷や祁答院《けどういん》郷の正副区長の人選を依頼した（一八七五年八月一一日の西郷宛て書翰）ことに始まるようであるが、西郷は、「学校中」で相談の上、たとえば加治木郷区長に別府晋介を、帖佐《ちょうさ》郷区長に辺見十郎太《へんみじゅうろうた》を、加世田《かせだ》郷には小倉壮九郎《おぐらそうくろう》、伊作《いさ》郷に先述の河野主一郎、隈《くま》之城《のじょう》郷に広瀬喜左衛門《ひろせきざえもん》を推薦するなどしている。そして、結局表1のような正副区長の人選となった。

表1のように、薩隅の一八大区中、一〇大区が私学校派によって占められることになっ

表1　鹿児島県下大区正副区長への私学校派の配置

地名	職名	人名	前官
加治木	区長	別府　晋介	少佐
	副区長	越山　休蔵	中尉
	々	児玉強之助	中尉
宮之城	区長	辺見十郎太	大尉
	副区長	松永　高美	海軍大尉
	々	長崎　通直	中尉
菱刈	区長	村田　三介	少佐
	副区長	木原　胤澄	軍曹
出水	区長	山口孝右衛門	島根県参事
	副区長	桂　正介	
谷山	区長	伊東　直二	大尉
伊集院	区長	仁礼　景通	
	副区長	森岡　昌武	大尉
加世田	区長	広瀬　景明	海軍大尉
	々（後任）	餅原正之進	
	副区長	八木　彦八	中尉
	々（後任）	西郷小兵衛	
	々（後任）	高城七之丞	東京府出仕
高山	区長	重久　敦周	大尉
	副区長	坂本　清絹	中尉
	々	国分　寿介	中尉
種子島	区長	小倉　知周	海軍大尉
	副区長	堀　為宝	大尉
	々	伊地知弥兵衛	軍曹
高江	副区長	山下　喜衛	中尉

たのである（ただ、その配置はどうも流動的であったようで、たとえば辺見十郎太は西南戦争勃発時は蒲生《がもう》区長であった）。芳氏によれば、このように正副区長だけではなく、鹿児島県庁の役人・警察官も私学校派が多く任命されたり、私学校に入校したりしていて、一八七六年（明治九）ごろの鹿児島県政はほとんど私学校派で牛耳られる状態であった、すなわち私学校は学校というより政治集団へと性格を変質させていたのだという（芳前掲論文）。

戦にむかう麓武士たち

私学校が挙兵を決定したのは二月五日であるが、事はすでに進行していた。熊本県権令の富岡敬明《とみおかけいめい》が、二月八日付で大蔵卿宛てに提出した上申書は、「此度軍《いくさ》ニ当リ、至急入用」だといって、二月四日に銭借りに奔走している鹿児島県下「タキ村」の「小前」のことを伝え（「宇都宇野雲恵より聞取書」、宮下満郎「西南戦争における熊本県の探索（一）」『敬天愛人』二号、一九八四年）、同じ四日に、鹿児島県内の士族七〇〇〇人ほどが「同県（出水）揃ニテ登ル」とかいう風聞があったり、羽島《はしま》村から番刀に小銃を携帯した者八人が漁船で出発した、あるいは翌五日には士族が砲器・刀等を用意し、ズボンに「まんてる」姿で宿本に集まっていた、また国境の大口《おおぐち》口や出水《いずみ》口などには鉄砲をもった者が五、六人ずつ出張ってよそ者の通行を禁じている、といった風雲急を告げる状況（「鹿児島県下之景況聞取書」同前）を伝えている。各郷の郷士たちは、私学校の正式の決定を待たずに、挙兵やむなしとして、準備をしていたことがわかる。

種子島《たねがしま》では、二月六日に汽船寧静丸《ねいせいまる》が榕城浦《ようじょううら》の前に着岸して、号砲三発をならすのを合図に、種子島士族四〇〇名余りが慈遠寺《じおんじ》に集合した。ただ、このときは風が強くて着岸できず、船は一旦屋久島《やくしま》に待避して、二日後の八日に現和《げんな》村庄司浦《しょうじうら》に寄港した。再び慈遠寺の八幡祠前に列陣した士族たちは、どしゃ降りの闇夜のなか、「立拝シテ現和村ニ向」かった。このとき一七歳二ヵ月の鮫島甚七《さめじまじんしち》は、途中、小牧坂で松明《たいまつ》を焚き、「我為悲痛スル」「慈親兄弟」と無事を期して別れた（『丁丑従軍記』、宮下満郎「鮫島甚七の『丁丑従軍記』」『敬天愛人』九号、一九九一年）。船で鹿児島に向かう兵士たちを、家族は悲痛な面もちで送り出しているのである。もはや戦場に向かう覚悟であった。こうした郷士の動きを見ていると、西郷の挙兵の決断は、最後の段階であったことが明らかである。

ところで、この種子島からの従軍者数は、麓武士《ふもとぶし》としては比較的多い方に属するという。それには、種子島郷からの戊辰《ぼしん》戦争への参加者が少なかったために、肩身の狭い思いをしていたこと、また区長や副区長の圧力のなかで、村八分を恐れた、という事情があったからだという。

だから、出軍した郷士たちは、この戦の目的が何処にあるのか理解していたわけではなかった。彼らは、出陣に際して「此出兵タルヤ他ナシ、政府ノ非ヲ矯問《きょうもん》セントスル也」（同前）と隊長から告げられただけであった。

薩軍の編制

帖佐から従軍した鮫島仲左衛門の書き残した『日誌帳』（『鮫島日記』として、同じ帖佐の時任《ときとう》宇治《うじ》の『日記』＝『時任日記』とともに塩満郁夫が『敬天愛人』二四号に紹介している）によれば、二月七日に「今日は児玉強之助殿大隊長を以て隊組これ有り、当郷へ四小隊、未だ大隊究めず、三番小隊右半隊、一番分隊教導御請仕候」とあるから、隊組の編成は七日には始まっていたと考えられる。この鮫島は、翌日には加治木に隊伍を組むよう報知に向かっているが、九日には児玉を大隊長とする七番大隊の一小隊すべての小隊長が決定されている。河野主一郎の回顧によれば、「加治木・帖佐・蒲生辺には別府晋介が居て、此の方面は私に任せられよとのことなりしかは之を諾す、而《しか》して各郷からの私学校の名簿を集め、之によりて隊の編成をなし」とある。河野の記憶に曖昧なところは多いが、この加治木・帖佐・蒲生辺り（『鎮西戦闘鄙言』によれば、加治木・国分《こくぶ》・帖佐・山田・溝辺《みぞべ》の五ヵ郷）は、その地において軍隊編制をし、それを第六・第七大隊とし、この二つの連合大隊を別府晋介が都督することになった。

いっぽう、蒲生郷の野添篤の日記（以後『野添日記』）。晋哲哉「十年役出軍野添篤氏日記」

『敬天愛人』一一号）によれば、二月一三日、蒲生からの従軍兵「百四、五十名」は、「五、六寸」の雪の中を鹿児島めざして進み、その日のうちに鹿児島に着し、私学校本校に届出て、この日は若宮学校に宿泊したという。だから、隊に編制されたのは、翌一四日のことであった。

このようにばらつきはあるが、薩軍全体の編制は二月一三日に行われた。鹿児島城・私学校前の練兵場に城下はもちろん各郷からぞくぞくと郷士たちは詰めかけた。宮之城からは、医師三人を含め二九七名が大挙して従軍した（山田尚二「宮之城私学校名簿」『敬天愛人』八号）。加世田《かせだ》郷からは、分校生徒六二名全員が従軍の予定であると、私学校本校に報告していたが、東京から帰鹿した四人の密偵の説得をうけ、直前に一九名が脱落したという（吉峰宗利「明治十年の戦役・加世田郷招魂社について」『敬天愛人』一二号）。

この練兵場は、かつては大砲局や垂水《たるみ》島津家・宮之城《みやのじょう》島津家の屋敷であったところを、一八七〇年（明治三）にそれらを取り払って設置されたものであるが、廃藩置県後、農事社（一八七五年に知識兼雄がつくった酪農会社）の放牛地となっていたところである。ここに集まった兵士は、およそ一万三〇〇〇名、うち城下士は千六百余名で、その他はみな郷士であった。同じ郷の出身者が、まとまって同じ隊に配属することは避けられ、・番大隊から七番大隊の七個大隊に振り分けられた。一個大隊は約二〇〇〇名で構成され、それを兵員二〇〇名の小隊一〇個に編制した。ただし、六番・七番大隊は、一五〇〇名と小さく、小隊も八〇名程度とした。各大隊の大隊長と、もと政府内の地位を示すと次のようになる。

一番大隊　篠原国幹　陸軍少将
二番大隊　村田新八　宮内大丞
三番大隊　永山弥一郎　開拓使屯田兵事務局（中佐）
四番大隊　桐野利秋　陸軍少将　元熊本鎮台司令長官　陸軍裁判所長
五番大隊　池上四郎　元近衛少佐　外務相十等出仕
六番・七番連合大隊　別府晋介　近衛陸軍少佐
　六番大隊　越山休蔵
　七番大隊　児玉強之助

この大隊長の下に、小隊長・半隊長・分隊長がおかれ、それぞれに砲隊が配属された。この砲隊は、山砲《さんぽう》（四斤）二八門、野砲《やほう》（一二斤）二門、臼砲《きゅうほう》三〇門を持ち、戦闘態勢になる前は二個隊に分けられた。

もちろん、総指揮官は西郷隆盛で、参謀格の本営付護衛隊長に近衛陸軍大佐であった淵《ふち》辺群平《べぐんぺい》（高照）がなった。また、西郷隆盛の三弟小兵衛は一番大隊一番小隊の小隊長、辺見十郎太は三番大隊一番小隊の小隊長、近衛陸軍大尉から鹿児島県警察署長に転任していた野村忍介は四番大隊三番小隊の小隊長として、それぞれ出陣した。さきの種子島の鮫島甚七は、一番大隊四番小隊に配属されている。

私学校軍の進発

二月一四日午前七時、大斥候《だいせっこう》隊の三〇〇人が鹿児島を発して伊集院道（西目《にしめ》街道）を肥後に向かった。翌一五日、この日は五〇年に一度ともいわれる大雪となった。午前七時練兵場に列陣した一番・二番大隊四〇〇〇の私学校軍に対して、「此ノ出兵タルヤ他ナシ、政府ノ非ヲ矯問《きょうもん》セントスル也。軍律アルコトナシ。只、酒ヲ禁ス。若《も》シ酒ヲ呑ンテ酗《く》スル者ハ軍法ニ処ス可シ」との訓辞が行われた。訓示を垂れたのが篠原国幹なのか村田新八なのか定かではない。その後ただちに、二番大隊は東目《ひがしめ》街道を加治木に向かい、別府晋介率いる六番・七番大隊の出発した後の加治木にその夜は宿をとった。

一番大隊は西目街道を進み、伊集院《いじゅういん》で昼食をとり、市来《いちき》で一泊、翌一六日は川内《せんだい》で昼食、そして阿久根《あくね》まで、一七日は野田《のだ》・高尾野《たかおの》を経由して出水《いずみ》に、一八日には袋《ふくろ》を経て水俣《みなまた》に着いた。この間一日たりとも太陽をみることもなく、「積雪尺余、天地悉《ことごと》ク白」い雪原を歩き通して、ようやく水俣に着いたのである。別府晋介率いる第六・第七大隊は一足先に熊本めざしてその朝にそこを出立したばかりであった。

その六番・七番大隊を構成する帖佐など五ヵ郷の私学校兵は、二月一五日午前四時それぞれの戸長役場を発して加治木に勢揃いし、ここで生魂社《いくたましゃ》に参詣してのち、午前六時別府晋介の指揮のもと加治木から北上を開始した。溝辺石原町で一時休憩の後、横川《よこがわ》まで進んだ。『時任日記』は、「横川へ一時比《ごろ》着、岩崎甚五所へ止宿」とあるが、『鮫島日記』は「溝辺石原町にて間宿、横川町藤五郎所へ止宿、午後四時に着候事」とある。雪の中を長い隊列がつづいたのであるから、先頭が到着してから最後尾が着くまで、三、四時間を要したものと思われる。そして横川では、いくつかの民家に分宿したのである。翌一六日、六番・七番大隊は八時に横川を出発して馬越町あるいは湯之尾《ゆのお》町で昼食休憩して大口《おおくち》まで進み、ここで分宿した。雪は益々深くなった。一七日は、三尺あるいは五尺にまで積もった雪の中を北上して肥薩の国境を越え、大薮《おおやぶ》村あるいは石坂《いしざか》村での昼食休憩もそこそこに、七里の道を水俣まで歩きつづけ、午後三時から四時にあいついで到着し分宿した。一八日の水俣からの薩摩街道はさらに厳しいものであった。津奈木《つなぎ》太郎と呼ばれる急峻な坂を越えて佐敷《さしき》で昼食、さらに佐敷太郎・赤松太郎の合わせて三太郎とよばれる剣呑《けんのん》な坂を、踏み越え踏み越え、時任らが日奈久《ひなぐ》に着いたのは夜一〇時ごろになっていた。

熊本県官の「薩人応接」

二月一八日午後一時ごろ、鹿児島県からの専使として元権中属原作蔵《はらさくぞう》・元権少属高木義孝《たかぎよしたか》・元等外宇宿行徳《うすくゆきのり》の三名が、先述の鹿児島県令大山綱良の「此度政府ニ尋問之筋有之」と書かれた通知書を携えて熊本県庁に到着、権令富岡敬明《とみおかけいめい》が応接した。

ここで一言付け加えておくと、「陸軍大将西郷隆盛」の名による熊本鎮台司令長官宛てのいわゆる勧降状（二月一五日付）では、「今般政府ニ尋問ノ廉《かど》有之」と書かれている。

さて権令は、この専使の到着をまたずに、水俣に出張させていた警部から、一七日「鹿児島県士」が水俣に到着したとの報告を得ると、一等属近藤幸止・四等属横田棄ら四人の県官を八代《やつしろ》に向かわせた。権令は、この県官に次のような指示をした。すなわち、次のような文意で彼らを説得しろというのである。

今回諸子上京ト号シ途ヲ本県ニ取テ出《いで》ントス。敬明未タ其事由ヲ審《つまびらか》ニセスト雖《いえど》モ、其形貌《けいぼう》ヲ観ル、頗《すこぶ》ル怪ムニ足ル者アリ。夫《そ》レ国家ニ法律アルハ諸子ノ固《もと》ヨリ暗知スル所也。蓋《けだ》シ之ヲ施スハ政府ノ権利ニシテ、之ヲ守ルハ人民ノ義務也。若《も》シ已《や》ムヲ得サルノ情由アリ、直チニ官ニ訴ント欲セハ、宜《よろ》シク自ラ恭順シ、大義ノ在ル所、名分ノ存スル所、誠意以テ之ヲ訴レハ、官何ソ之ヲ聴サ、ルノ理アラン哉《や》。何ソ又猥《みだ》リニ凶器ヲ携エ多数ノ人員ヲ率ヒ、無智ノ人民ヲ動揺シ県治ヲ妨クルニ至ン。如《も》シ夫レ如《かくの》此《ごとき》ハ縦令《たと》ヒ名分ノ其間ニ存スルモノ有ト雖モ、其形貌ニ於ル実ニ官法ノ容レサル処、敬明ニ於テ決シテ之ヲ許ス能ハス。若シ強《しい》テ其意ヲ遂ント欲スルカ如キハ、官自ラ別ニ処スル所アラン。諸子之ヲ了セヨ。

明治十年二月　（『非常征討　明治十年（一）　征討　薩賊挙兵』長崎県立図書館所蔵）

これをうけて、近藤幸止らは、一八日風雨の烈しいなか八代にいたり、夜薩軍の「宿割総括」河野《こうの》四郎左衛門《しろうざえもん》・宮内《みやうち》喜一郎《きいちろう》・岩下《いわした》次右衛門《じえもん》の三人と応接した。このときの一問一答が記録されている。まず、「今回多人数出郷」の趣だが「如何ノ次第」なのかと問えば、「東京警視局警部奉職ノ者数十人」が帰国してきたので捕縛のうえ糾問したところ、「川路大警視ノ内命ヲ受」け、西郷・桐野・篠原らの「刺客トシテ」帰国したのだと白状した。そこでもし「西郷始メ三名ノ者罪跡」あるのであれば公然とその罪を糺すべきなのに、「刺客抔《など》曖昧《あいまい》ノ御処置」をとるとはとても了解できない、だから「其旨政府エ尋問ノ為メ上京」するのだ、大人数になったのは「旧兵隊ノ面々何レモ随行」することになったからだ、と答えた。ここに「曖昧ノ」と言うのは、通例使われる「不確かな」という意味では

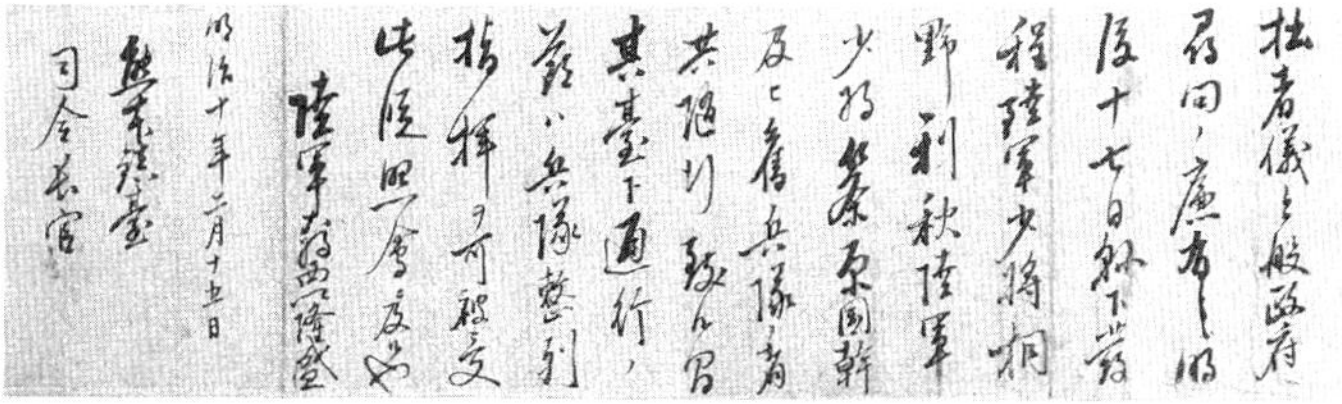
拙者儀今般政府ヘ尋
問ノ廉有之明
後十七日当地発
程陸軍少将桐
野利秋陸軍
少将篠原国幹
及ヒ旧兵隊ノ者
共随行致候間
其台下通行ノ
節ハ兵隊整列
指揮ヲ可被受
此段照会候也
陸軍大将西郷隆盛
明治十年二月十五日
熊本鎮台
司令長官

図５　熊本鎮台司令長官宛西郷隆盛書状
（明治10年２月15日，熊本市立熊本博物館所蔵）

なく、真実や本質をおおい隠すといった意味で使われている（その意味では実は淫売屋なのに料理屋にみせかける「曖昧屋」と言うに近い）。県官が、「御国法モ有之ニ兵器ヲ携エ通行之儀」は許されないといえば、「刺客等差向ラレ、曖昧ノ御処置有之上ハ途中如何ノ変事モ難計《はかりがたし》、其為メ兵器所持」しているのだと答える。「兵器所持ノ上ハ何分」通すわけにはいかないと、さらにいえば、それは出先の我々には如何ともしがたい、「西郷大将エ御談判」していただきたい、「専使」や自分たち「宿割等」は兵器は所持していないという。では、「専使宿割等ハ帯刀モ無之哉《これなきや》」と訊くと、専使のことは分からないが「拙者共ハ帯刀」しているという。「帯刀ハ今日ハ国禁」だから通せない、というと、我々はなるべく平穏に通るつもりではあるが、巡査たちが「疎暴ニ差止」めようとするかも知れないので「用心ノ為メ帯刀」しているのだと主張する。

近藤らは、ここで権令から教授されたように、「上京ノ原由」はつぶさに承知していないが、「形上御国法ニ触」るようでは通すわけにはいかない、「朝廷ニ対シ伺ノ筋」があるのであれば、「法ニ触レサル様恭順申立ノ道」もあるではないか、それでも「法ヲ犯シ強テ通行」するのであれば止むを得ず「其筋エ通知」し「別ニ処分アルヘシ」と警告、それに対して如何にもご尤もではあるが、「拙者ニ於テハ難差扣《さしひかえがたし》、後隊ノ者エハ早速」その旨伝えよう、と答えて、ともかく応接は終了した（同上）。

初めての衝突

さて、日奈久《ひなぐ》は湯の町である。疲れを癒すには格好の湯治場であるがゆっくりはできない、翌一九日別府晋介率いる六大隊・七大隊は、七時半には日奈久を発足して午後三時ごろに小川に着した。途中「昼十時比《ごろ》より鎮台へ火相付、市中迄も都《すべ》て焼失」したとの情報がもたらされる。いよいよ、戦争が間近であることを実感するが、兵士がそれぞれ銃をもっているかどうかなどの調査が行われ、翌二〇日七時半小川を発ち宇土《うと》で休憩ののち午後二時ごろ川尻《かわしり》に着いた。鮫島は、川尻の草野角次宅に着くや、ただちに玉薬輜重方《しちょうかた》番兵を勤めた。その夜鎮台の斥候が「川尻町火を掛け候賦《つもり》」でやってきたが、国分八番小隊番兵が捕り方をした。『時任日記』は「当日六時比《ごろ》又々城下新町へ同断焼失相成、夜十二時比鎮台兵拾弐三人鉄砲持参にて参来候処、番兵より壱人生捕」とある。

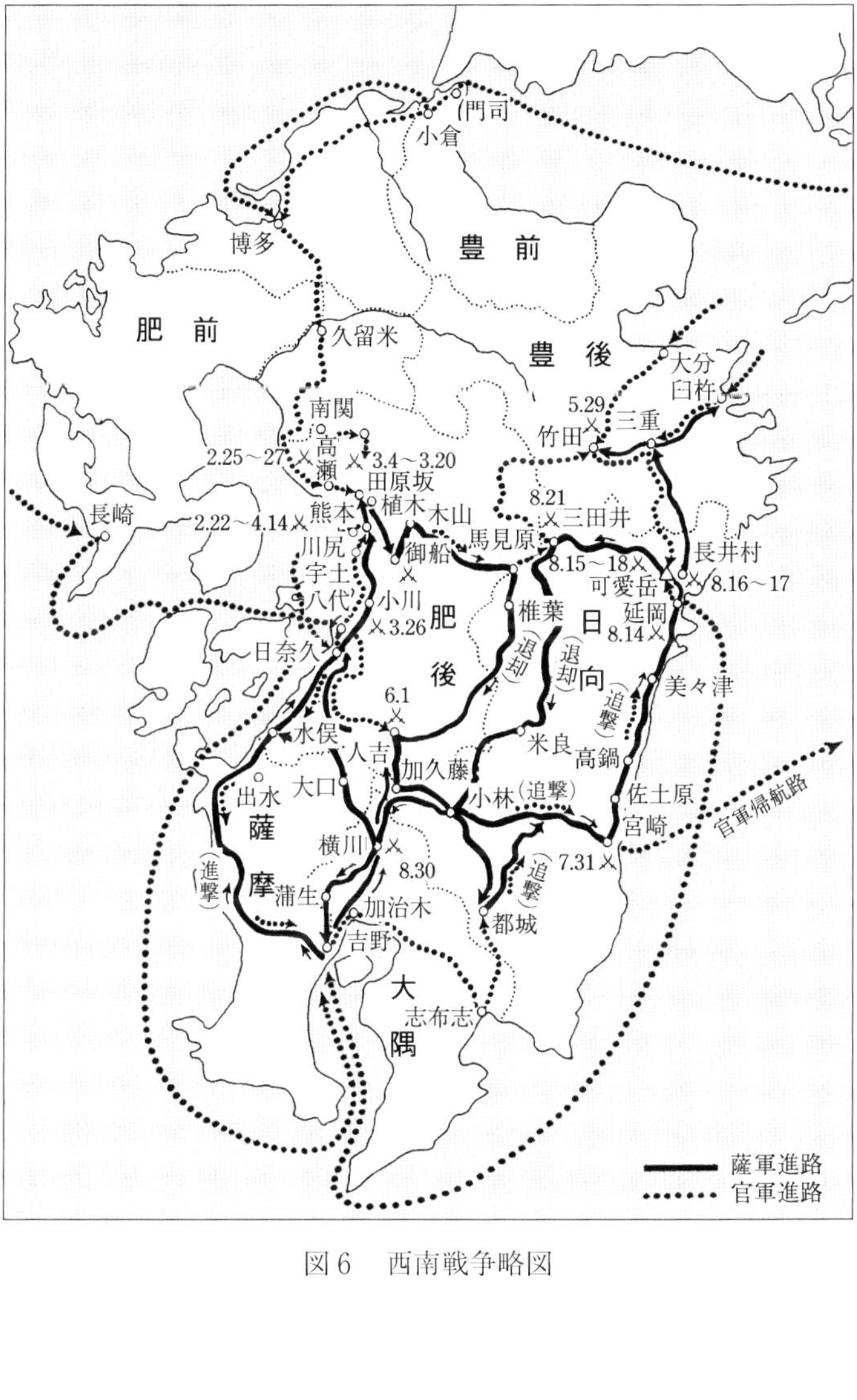
門司
小倉
博多
豊前
肥前
久留米
豊後
大分
臼杵
5.29
竹田
三重
南関
高瀬
2.25～27
3.4～3.20
田原坂
植木
木山
熊本
長崎
2.22～4.14
8.21
三田井
御船
馬見原
川尻
8.15～18
長井村
宇土
可愛岳
8.16～17
八代
小川
3.26
肥後
椎葉
日向
延岡
8.14
日奈久
(退却)
(退却)
美々津
6.1
(追撃)
水俣
人吉
米良
高鍋
加久藤
出水
大口
小林
(追撃)
佐土原
薩
宮崎
官軍帰航路
横川
7.31
8.30
(進撃)
摩
(追撃)
蒲生
加治木
都城
吉野
大
志布志
隅
薩軍進路
官軍進路

図6　西南戦争略図

すなわち、この二〇日深更、熊本鎮台第一三連隊第一大隊第三中隊長隈岡長道《くまおかながみち》大尉・同連隊第一中隊長小島政利《こじままさとし》大尉の率いる二個中隊は秘かに熊本城を出て川尻に入り、ここで薩軍の哨兵と出合い、合戦となったのである。薩軍が捕らえたのは、伍長小松義正であったとも、同じ伍長の片山岩太だともいわれる。

さて、二番大隊は、二月一九日、鹿児島を出て以来はじめて「天日ヲ見ルコトヲ得」て、水俣から津奈木太郎《つなぎたろう》の嶮を越えたが、日奈久までは行かず、田ノ浦で一泊し、二〇日に残りの佐敷《さしき》太郎・赤松太郎の坂を越えて日奈久に着いた。

永山弥一郎の三番大隊、桐野利秋の四番大隊は、二月一六日に鹿児島を進発した。三番大隊は西目街道を進んで阿久根に宿泊、四番大隊は東目街道を進み横川に宿泊した。

一方、池上四郎率いる五番大隊は二日遅れの二月一七日に鹿児島を発った。五番大隊三番中隊右小隊二分隊に配属された谷山郷士の名越高倫《なこしたかみち》は、一五日に練兵場に出向いているが帰宅を命じられ、翌日は休息して、一七日進発ということになった。この日西目街道を進み市来湊で一泊、翌日は阿久根、ついで一九日出水に到着、二〇日には出水の米ノ津《こめつ》から船で肥後の佐敷に着船、そこに一泊した（『丁丑役出旅日要記』、木原三郎「西郷隆盛と谷山郷」『敬天愛人』五号）。同じ第五大隊の河野主一郎は、松橋に着船したと回想しているが、松橋には翌二一日に陸路到着したものと思われる。

西郷の進路

西郷隆盛はどのような進路をたどったのだろうか。

加世田郷の久米清太郎《くめせいたろう》は二月一四日に大砲隊一番隊病院掛《がかり》を命じられた。一五日には病院本営内で道具を調べたりし、翌一六日には広馬場の鰻屋《うなぎや》で英気を養い、六円二五銭を払って短筒六眼銃を手に入れたりして、一七日を迎えた。その朝八時ごろ、西郷は、鹿児島から鹿児島湾に添った東目街道を、桐野利秋・村田新八・淵辺高照率いる護兵二〇〇とともに、加治木に向かった。久米ら従軍医師や大砲を載せた舟が、その西郷らの一行を左手に頼もしく眺め、右に雪を被った桜島を見て進んだ。舟は一足早く加治木に着いたが、つづく西郷らの到着を数万の民衆が迎えたというのである（『久米清太郎出陣日記』、宮下満郎「久米清太郎従軍日記について―病院掛の記録―」『敬天愛人』一一号）。

翌一八日午前八時、西郷一行は加治木を出発して大門寺《だいもんじ》坂の上でしばし休息、さらに雪をかき分け溝辺へ、そして横川に到着してここに宿した。夕方からはまた雪になった。一九日、先発の六番・七番大隊、さらに一番大隊につづいて大口街道を北上する予定であったが、雪が深くて困難だとの通報があり、右に迂回して人吉に向かうことになった。朝八時に横川を出立して栗野《くりの》麓《ふもと》で休息、鶏などを仕入れて先に進み、吉田町東郷熊助《とうごうくますけ》宅に止宿した。二〇日は晴天に恵まれ、朝六時半の出立、九時ごろには人吉の内大畑町に入り、ここで一時休憩ののち人吉町には午後二時ごろに着いた。ここでも多くの見物人が西郷を迎えた。

二一日も幸いに晴天である。川尻の泰養寺《たいようじ》に本営を設けていた別府晋介率いる六番・七番大隊はすでに、鎮台兵との間で小競り合いを経験していた。二番大隊は、小川に向かう途中、私学校の間者から、「昨夜（実は一昨日…注）、城内ノ粮悉《ことごと》ク焼亡ス、城中僅二三日ノ食ヲ余スト云フ、且ツ曰ク、定メテ内応者ノ所為ニ出タルヤモ知ル可カラザルナリ」との情報を聞かされる。そして、夜も暮れて川尻に着いた。その川尻口で、「結髪ニシテ粟ノ飯ヲ帯ヒタル大男」二人が斬殺され、縄で縛られ水中に放り込まれているのを目撃した。「於《ここにおいて》是初テ戦場ノ心地セリ、是レ官軍ノ諜者ナル必セリ」と、鮫島甚七は感慨を洩らしている。早朝に日奈久を出発した第一大隊も、小川泊まりの予定を変じて強行して北上し、日没後ではあったが川尻に着いた。時折雪の降るなか、昼食も四時ごろになったが、夜には配られた白木綿の腕印で互いを判別しつつ、一二里半を歩き通したという。

池上四郎の第五大隊はこの日佐敷《さしき》を出立して川尻の手前二里ほどの松橋《まつばせ》に着いた。西郷らの本隊は、この日人吉からは球磨《くま》川を舟で下ることになった。大砲二小隊・大小荷駄も舟に乗ったが、護兵は陸行して八代《やつしろ》に向かった。午前八時に出発した舟は午後四時ごろに八代町に着し牧武次郎《まきたけじろう》宅に止宿した。この日の内に西郷が川尻の泰養寺に到着して別府晋介と合流したかのように記述されているものもあるが、『久米清太郎出陣日記』は、西郷はこの日は八代泊まりであったとしている。村田新八・桐野利秋はあるいは小川まで到着していたのかもしれない。別府晋介は、捕らえた伍長から鎮台と熊本城下の様子を聞き出し、小川に引き返して村田・桐野と合議して、翌日早朝からの熊本城攻撃方針を決定したといわれる。

熊本鎮台の籠城策

「熊本守城戦略」の決定

ここで、西郷率いる私学校軍を、熊本城の熊本鎮台が籠城策をもって迎えるにいたった経過について述べておかなければならない。

陸軍卿山県有朋は、二月一二日上奏した「戦略書」のなかで、「南隅一たび反動せば」これに追随するものが、両肥《りようひ》・久留米《くるめ》・柳川《やながわ》、南海では阿波《あわ》・土佐《とさ》、山陽・山陰では因備《いんび》、東海・東山・北陸では彦根《ひこね》・桑名・静岡・松代・大垣《おおがき》・高田・金沢・酒田《さかた》・津軽《つがる》・会津《あいづ》・米沢、そして関八州でも館林《たてばやし》・佐倉《さくら》その他に陸続として生まれるだろうと前置きした上で、その「南隅破裂するに当り」、彼らがとる策略は、次の三策のうちの一つであろうという。第一は、「火船に乗じて、東京或は浪花《なにわ》に突入すること」、第二は、「長崎及び熊本鎮台を襲撃し、全九州を破り以て中原《ちゅうげん》に出ること」、第三は、「鹿児島に割拠し以て全国の動揺を窺ひ、暗に海内《かいだい》の人心を揣摩《しま》し、時期に投じ以て中原を破ること」である。このどの策を西郷軍がとるにしても、鹿児島城に向かい海陸併進して桜島湾に突入し、一気に城を殲滅《せんめつ》し、さらに、四国・中国、そして両肥に向かって兵を進め反乱軍を討滅するという方法があるが、我が軍が到着前に「破裂」したとすると、とても全国的反乱の波及をくい止めることはできないだろう。したがって、大阪に参謀部を設置して、西郷と私学校軍の動きに即応できる態勢を整えるとともに、中国・四国をにらんで、それが呼応して起つことを抑えるとの方針を示した。そして、熊本鎮台に対しては、谷干城司令長官に対して、「攻守宜《よろ》しきに従い、唯《ただ》万死を期して熊本城を保たざるべからず」（陸上自衛隊北熊本修親会『新編西南戦史』一九七七年、一五七〜一五八頁）との訓令を与えた。

当時、熊本鎮台には、鎮台司令長官陸軍少将谷干城、参謀長中佐樺山資紀《かばやますけのり》、同副長少佐児玉源太郎、ほか参謀に少佐川上操六《かわかみそうろく》ら三名のもとに、本営一四六名、歩兵第一三連隊一九〇四名、砲兵第六大隊一三〇名、予備砲兵第三大隊九八名、工兵第六小隊一〇六名、および熊本県令富岡敬明や内務書記官品川弥二郎と属官二三名、将校の家族一九名の合わせて二六三四名で、ほかに雑吏人夫四百余名、さらに小倉《こくら》から南進しつつある歩兵第一四連隊第一大隊の左半大隊三三一名、警視隊四〇〇から六〇〇名が加わる予定であった。谷司令長官は、二月一四日、乃木希典《のぎまれすけ》連隊長をはじめ各隊長を集めて対策を講じた。考えられる対策は、肥薩国境の嶮（三太郎峠）で薩軍を迎撃するか、城外の近くで決戦を挑むか、あるいは城を固守して征討旅団の来着を待つか、の三案であったが、谷は、守城の決心を示し、ただちに山県参軍にその旨を報告して、小倉の歩兵第一四連隊に急ぎ入城を命じた。

神風連急襲の痛手

谷が、守城を方針とするにいたった経過は、「熊本守城戦略」（一八七七年四月。島内登志衛編纂『谷干城遺稿』下、靖献社、一九一二年。

なお、陸上自衛隊北熊本修親会『新編西南戦史』では「谷将軍守城意見書」――文言に多少の相違がある――として収録されている）に明確である。すなわち、守城＝籠城の方針を取るにいたった最大の理由は、前年の一〇月に神風連《しんぷうれん》の「不意の襲撃」を受けて以来、「兵卒の気魄《きはく》、未だ全く旧時に復せす」、士官らは招魂祭《しょうこんさい》を催して、競馬や烟火《はなび》あるいは角力《すもう》をしたりして、兵卒の士気を鼓舞しようと勉めたが、効果は上がらない、しかも「賊徒素《もと》より強兵の名あり」、恐怖心を払拭するにはいたらなかった。この状態で、城外に打って出ては、勝利の見込みはない、したがって籠城策を選ばざるを得なかったのである。その意味では、全く消極的理由からの戦術の選択であった。

そして、この日（一四日）、早速、嶽（竹）の丸に炊事場を建設し、糧米五〇〇石や薪炭の準備を行い、地雷火の製造を行い、また探偵を鹿児島方面に送った。翌一五日には、嶽の丸・櫨《はぜ》方の両所に火薬庫を作り、一六日には、棒安坂《ぼうあんざか》上に交通濠を新たに開く一方、新堀門から法華坂にいたる一般人の通行（熊本城域を南北に通貫して薩摩街道が走っている）を禁止し、城門を固く閉鎖して、外部との交通を遮断した。

さらに、一八日には、鎮台は独自の判断と戦略にもとづいて「達」を公布し、かつ号砲を鳴らして翌日には城下を焼毀するから四方に退避するよう促し、ついで地雷の埋設、柵の構築、砲塁の築造、あるいは傷病兵の山鹿《やまが》への移送等を行い、いつ戦争を始めてもいい条件を整えた。あとは、小倉からの援軍と、警視隊の入城を待つだけとなった。

熊本城炎上

明治一〇年
二月一九日

本日午前第十一時四十分、本城火ヲ失ス。偶々《たまたま》西南ノ風烈《はげ》シク、瞬間四方ニ延焼シ、遂《つい》ニ天主台ニ及フ。時ニ午後第三時漸《ようや》ク鎮火ス。斯《かく》ノ如キ火勢ノ甚ダ熾《さかん》ナル固《もと》ヨリ消防ノ及フ所ニアラスト雖モ、兵器弾薬ノ此災ニ罹《かか》ラサルコトヲ力《つと》メ、各官皆倉庫ニ登リ、部下ヲ励マシ、或ハ之ヲ運搬セシメ、遂ニ殃《おう》火《か》ヲ免レシムルヲ得ル。実ニ天幸ト謂ツヘシ。然《しかり》ト雖トモ、凡ソ三十日間ノ粮米《ろうまい》食糧尽《ことごと》ク灰燼《かいじん》ニ帰セリ。

一八七七年（明治一〇）二月一九日の『熊本鎮台戦闘日記』は、このように書き残した。五〇年ぶりという大雪に見舞われながら、この日、熊本は、朝から晴れ渡っていた。その蒼穹《そうきゅう》を突き破るように、炎は燃え上がった。

この火事についての報知で、最も早いものと思われるのは、この日午前一一時五〇分に「冨岡」（冨岡敬明熊本権令）から、川路利良大警視に宛てて打たれた「本日十一時十分鎮台自焼セリ」（国立国会図書館憲政資料室所蔵「大山巌《おおやまいわお》文書」）との電報であろうと思われる。大塚虎之助『日本電信情報史　極秘電報に見る戦争と平和』（熊本出版文化会館、二〇〇二年）は、同文の太政官宛ての電報を紹介しているが、これは一一時五五分発であるから、川路大警視に打電した五分後に打たれたものである。もっとも、山県有朋参軍が大山巌陸軍少輔に、「熊本鎮台失火、今天守焼ケタル趣ナリ。委細者《は》問合セ置キタリ。分リ次第申遣ス可シ」（同前）と、燃えさかる最中に打ったと思われる電報の電文が残されているが、残念ながら時間の記録はない。ともあれ、以上の記録からみるに、一九日午前一一時一〇分には、出火が確認されたものとみてよい。

出火の原因

ところで、以上の史料は、いずれもこの天守閣炎上を、失火によるものとしているが、城内にいて火災に遭遇した陸軍中将中井広義《なかいひろよし》は、日記『起志《きし》簿《ぼ》』（熊本市立博物館所蔵）に、

同十九日　月曜　晴　午前十一時本台応接所ヨリ出火、櫓《やぐら》二ヶ所・金庫・被服庫・

図7　熊本城（古写真，富重利平撮影，富重写真館所蔵）

弾薬庫・器械庫を残スノ外、城中悉皆煙失《しつかいえんしつ》ス。賊ノ間者《かんじゃ》ノ所為《しょい》ナラン。城中炎上ノ際、市中二三ヶ所ニ出火アリ。当県士族ノ賊ニ加担ノ者ノ家屋ヲ自焼スルナラント云フ。城中出火ノ号砲ヲ発スルヤ、市中ノ雑踏婦女小児ノ喚叫《かんきょう》実ニ見聞ニ堪《た》ヘザルナリ

と、書きのこしているが、中井が言うように、間者が入り込んだという形跡を伝える報告は一切見つからない。

また、鎮台が自ら火を付けたという自焼説がある。東京府本郷区森川町（現、東京都文京区）の警視第四方面第二分署に勤務していて、明治一〇年二

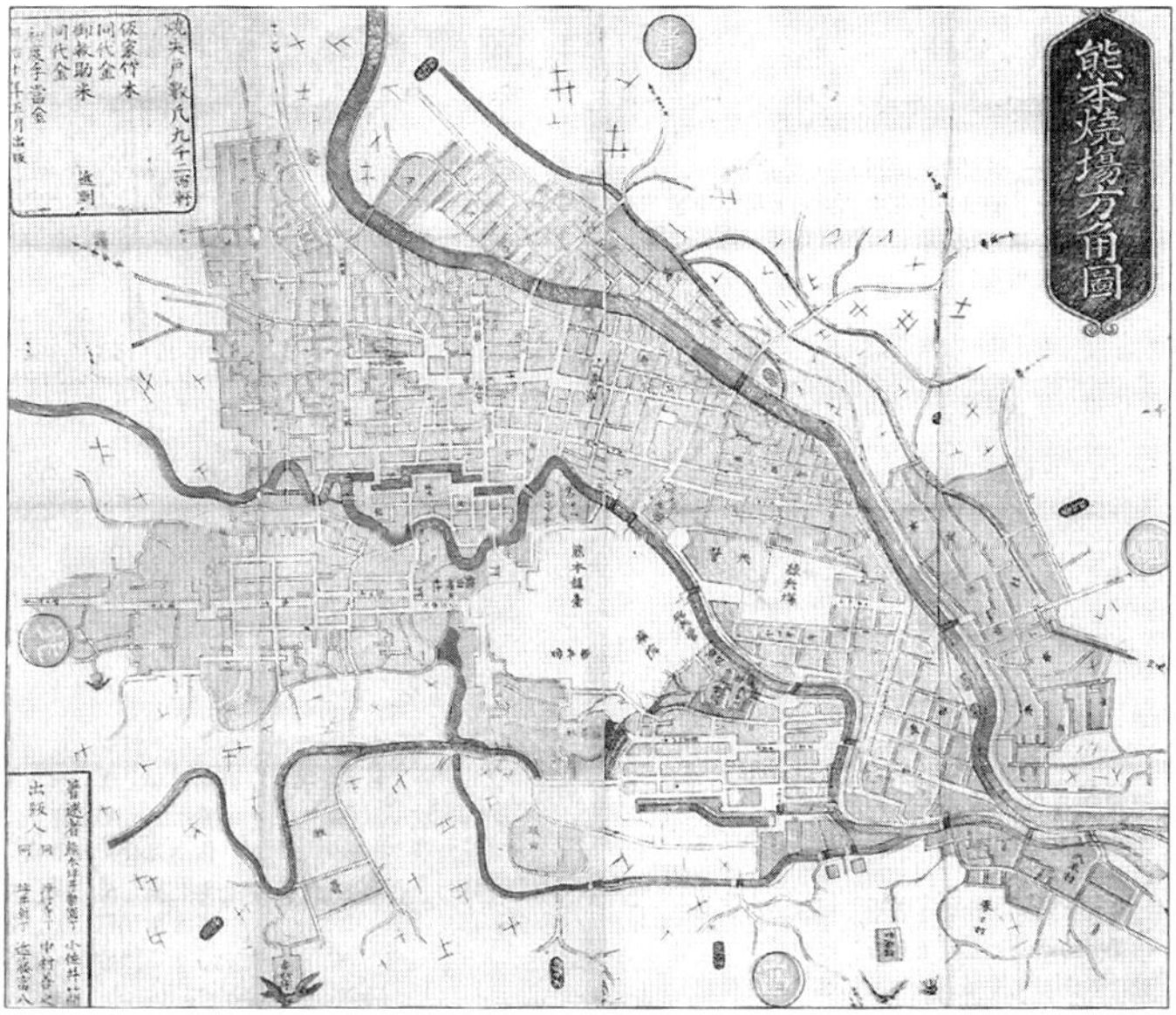

図8　熊本焼場方角図（熊本市立熊本博物館所蔵）

月九日に同僚二四人とともに出張を命じられ、二月二〇日に熊本城の熊本鎮台に到着した喜多《きた》平四郎《へいしろう》（当時三五歳）は、自らの『征西従軍日誌』の二月二〇日の項の欄外（したがって後日の記載によるものと思われる）に、「天守は高楼、敵より大砲を撃ちかけらるるときは、籠城の不利なるによって」、城兵が自ら放火したとの浮説があると伝えている。喜多はこれを「浮説」であるとして退けているのであるが、熊本城の火災を戦術的措置であるとする見解はいまもある（富田紘一「熊本城炎上の謎を考える」『熊本博物館報』第一一号、熊本市立博物館、一九九九年）。あるいは「此火災ニ遭フニ及テ士気倍々《ますます》振起シ」（『熊本鎮台戦闘日記』）たとあるのを根拠に、この火災を、反乱軍の襲来を前に動揺する鎮台兵を背水の陣に立たせてたたかう決意を促すために、鎮台司令部が演じた行為なのだとみる、根拠を異にした自焼説もあるが、これは、火災が図らずもそのような効果をもたらしたものと考えるのが妥当だろう。

さきに、私学校の斥候《せっこう》が、「定メテ内応者ノ所為ニ出タルヤモ知ル可カラザルナリ」との情報を村田新八の第二大隊にもたらしたことに触れたが、さきの喜多は、この天守楼は、「旧本丸にして、四方石垣高塁屹立《きつりつ》、以て昇るべからず。唯《ただ》一方に一門あるのみにして、即ちこれを鎮台の本台となす所なり。然れば即ち外他《ほか》より忍び入りてこれに火するべからず」、よって、台兵将校士官らは、「鎮台中に於いて、賊軍に内応する者有りて、これを火する者ならんと台中に有りて互いに懸念せり」（喜多平四郎『征西従軍日誌―一巡査の西南戦争―』佐々木克監修、講談社学術文庫）と、伝えている。

糧米五〇〇石の焼失

そもそも火元はどこなのか。前掲『起志簿』が書き残したように、天守閣の一階部分に設けられた応接室（の暖炉）なのか、「天守と書院との渡り廊下」（籠城した杉原歩兵大尉の口述記録『熊本籠城戦況』）なのか、あるいはまた「本台文庫ノ近傍ヨリ俄然出火」(『熊本鎮台会計部従征中日誌』)したものなのか、それとも城下の火災と関係があるのか(城下からの飛び火によるものなのか)。さまざまな疑問が浮かぶが、出火の原因を解き証《あか》す鍵は、この出火によって、籠城兵士のための糧米五〇〇〇石(『熊本鎮台戦闘日記』)をことごとく焼失してしまっていることをどう考えるか、ということにあろう。四〇〇〇人近い兵士らの籠城を策とする鎮台司令部が、その糧米のすべてを自ら焼失させてしまうような策をあえてとるだろうかという疑問である。

富田は、その疑義について次のようにいう。二月一九日に火災があり、二二日から始まる薩軍の総攻撃までに、不眠不休で買い集めても、一部にいわれている(「火災前の貯蔵量五百石を上回る六百石が集まった」〈橋本昌樹『田原坂』〉)ように、六〇〇〇石を買い集めることはどだい無理である。もともと分散して貯蔵した糧米の一部を焼失し、その分をあらためて買い補って六〇〇〇石にしたのではないか。すなわち、この火災で五〇〇〇石すべての糧米を焼失したのではなく、焼失しても大過ない程度の糧米の焼失を覚悟して、自焼を実施したのだというのである。

この点については、さきの巡査喜多平四郎は、「この天守楼には、台兵三千余人の糧食、且つ器物物品等を予備し、積み置きたる所なるに、不意に火起こるによって、悉くこれを焼失せり。よって二十日、二十一日両日に於いて、城下市中にある所の白米を探求し、ことごとく城内に積み込むべしとの命令によって、これを執行したりと」（喜多前掲書）と書き、『熊本鎮台戦闘日記』も、「速《すみやか》ニ糧米ノ調収ニ着手シ会計官等ヲシテ市中或ハ近傍ノ村落ニ奔走セシメ糧米其他ノ食物ヲ購求シ、陸続城内ニ運搬ス」と書いている。

より詳細については、「糧食」の管理の責を負う鎮台会計部が、次のように記録している（第六師管主計分団『熊本鎮台会計部従征中日誌』明治四四年一一月一日翻刻、坂田幸之助氏蔵）。

出火時ニ適々《たまたま》西風烈シク瞬間ニ四方ヘ燃移ル。切詰《きりつめ》ノ官員一同消防ノ為メ、非常ニ尽力、百方労スト雖モ、終《つい》ニ消火ノ策行ハレス、火、各櫓《やぐら》ニ延焼ス。我会計部ハ金貨及ヒ牒（帳）簿等ヲ出シ、尚糧食衣服並陣具ノ如キモ出サントスレトモ如何《いかん》セン、物品多ク、人員寡少《かしょう》、終ニ烏有《うゆう》ニ属スルモノ甚タ多シ。而《しか》シテ倉庫ノ如キモ大凡《おおよそ》焼失、僅《わずか》ニ金庫一棟並雑具ノ仮庫、外ニ宇土櫓及ヒ嶽ノ丸ノ数棟ヲ余スノミ。而《し》カモ糧食品ノ如キハ数日尽力ノ準備モ悉ク一朝ノ灰燼《かいじん》ニ属シ

と、そのほとんどが焼失したと考えてよいと思われる記述をしている。そして、重要なことは、その後の対応が、至極具体的であることである。すなわち、

> 我会計部士官・下士卒・隊付計官ニ至ル迄悉皆市在ニ派出ヲ命シ、食米ハ精玄ヲ問ハス、其諸物品ヲ厳ニ購求シ、之ヲ城中ニ輸セシム。一致尽力夜ヲ徹シ、二十日暁ニ及フ。第一炊爨場《すいさんじょう》焼失ニ付、長岡邸へ移ス。午後五時小倉屯在ノ歩兵第十四連隊ノ内二中隊着台ス。直《ただち》ニ戦闘線ニ配布セリト。本日ノ為慰労《いろうのため》各部隊及各部へ酒肴ヲ賜ハル。陸軍少佐川上操六着台ノ達アリ。夜ニ入第八時頃新町山崎及ヒ歩兵第十三連隊第三大隊ノ営（線外花畑ニアリ）ヨリ火起リ、勢熾《さかん》ニシテ東西ニ延焼シ夜間モ消ルコトナシ。本日、鹿児島県賊徒征討ノ令発ス。干瓢《かんぴょう》九十八貫目余ヲ買入タリ

と、一九日は、米は精米であれ玄米であれ、買い集めに会計部士官以下が奔走したが、この日の収穫は干瓢九八貫目で、米は手に入らなかった模様である。二〇日も、「士官・下士卒数十人市在派遣」して、糧米の確保につとめさせ、「軍吏補田中元朝・軍吏試補青柳義記」に「買弁品ノ受付」を司らせるが、警視局巡査五〇〇名ばかりが入城してきたので、彼らの糧食配布も「我糧食課ニテ担当」することになり、糧食の確保はますます緊急の課題となった。「夫長斎藤《ふちょうさいとう》専輔ヲシテ糧食品買弁ノタメ高橋地方へ遣《や》ル。雇看病卒小林一義等ヲ糧米搗立《つきたて》方為取締、安政《あんせい》水車場へ詰切ヲ命ス」。そして、「本日市外村落ニ就テ買弁ノ精米三百九十五石二斗三升」で、「台下商人小山亀吉ヨリ大麦百二十俵ヲ買入」、また清酒

六〇樽を買い入れて、これは各隊に支給した。巡査喜多も、二〇日「陸軍士官より樽酒を送られたり」（喜多前掲書）と書いている。また鰤《ぶり》一〇〇〇本をも購入している。こうして、

昨十九日、本台焼失後買入ノ糧米ヲ調査スルニ三百九十五石三斗三升、代価既払分同六十六石五斗五升、代価未済ノ分第一炊事係塩谷軍吏輔甲斐軍吏輔ト交代ノ上、糧食買弁ノコトヲ司ル、依テ下士卒数名四方ニ派遣シ、専ラ該事ニ尽力大ニ準備ヲ得ル

という。さらに、二一日には、午後三時に夫長斎藤専輔が「塩魚乾魚等ヲ購求帰台、為ニ大ニ糧食ノ便ヲ得タリ」といい、「清酒貯蔵ヲ調査スルニ三十樽アリ」と言うところまで回復したという。

この過程で、次のようなことが起こっている。二月一九日、熊本城が炎上している最中、城下を焼き払うから早々に立ち退けとの前日の布達にもとづいて、城下に火が放たれ、城下の四民は難を逃れんとして右往左往、このようななか、糧米を求めて会計士官下士卒が走り回った。「仮令《たとい》万金ヲ抛《なげうつ》ト雖、商賈《しょうこ》ハ勿論運搬人馬ヲ得ルノ策無ク、偶々《たまたま》粮米《ろうまい》ヲ得レハ人馬乏ク、人馬得レハ粮米ヲ得サル等実ニ其景況言状ス可《べか》ラサルアリ」といった状況にあったが、静岡県士族で熊本鎮台会計部当分雇の春岡《はるおか》知了《ちりょう》と看囚《かんしゅう》緒方軍平《おがたぐんぺい》は、その夜一〇時ごろようやく大江村居住の士族佐村為則《すけむらためのり》と、同人所持の玄米五〇〇俵買い入れの約束

を取り交わした。そして翌二〇日、安巳橋《やすみばし》向の水車を手配する一方、二人は人力車に乗って佐村宅に至り玄米五〇〇俵の代金九〇〇円余を支払い、受取証を受け取った。同様に瀬ノ高九郎から二〇〇俵、貴田清四郎から三〇〇俵を買い入れた。その後、緒方は、搗《つ》き上がった五〇俵ばかりを馬に乗せて城中に戻り、以後精米の受け取りを担当することとし、残りの玄米を水車場に運送し、つきたての精米を城中に運び入れる役回りは春岡が担当することになった。春岡は二〇日のうちに計九〇俵、翌二一日午前までに八〇俵を運び入れたが、精米の搬入はそれきりになってしまった。こうしたことから、春岡は賊と通じているのではないかとの嫌疑がかかったのである。三月六日、春岡はその嫌疑で、南関《なんかん》で裁判にかけられたのである（『自明治十年三月六日至明治十年十月三日　奉帳　軍団裁判所』防衛研究所図書館所蔵）。おそらく事実は、二一日午後からは戦闘が激しくなり、もはや米俵の運搬が困難になったものと思われ、本人も「午後一時頃ヨリ砲声相聞ユルヤ、人馬共驚乱スルニ付、運方一切相叶不申《あいかないもうさず》、同日午後第三時頃会計部雇部ニ」戻ったと供述している。結局、春岡は三月八日、県警察署に拘留され、その後鎮台の籠城はつづいたため、開城後の四月三〇日、書類を添えて鎮台に戻された模様である（『明治十年　下ノ関暴動ノ件並雑書　軍団裁判所』防衛研究所図書館所蔵）。

ともあれ、熊本城（鎮台）焼失後、会計部はただちに食糧の確保に奔走し、二一日までに米およそ四〇〇〇石のほか大麦、そして鰤一〇〇〇本、また塩魚・乾魚・干瓢などの購入に成功し、清酒については六〇樽を手に入れて、うち半分を各隊に支給していることがわかる。清酒の貯蔵調査をして三〇樽の貯蔵を確認したというのであるから、鎮台兵と小倉から入城した歩兵第一四連隊の兵とで、三〇樽はたちまち飲み尽くしてしまったのかも知れない。このような奮闘を余儀なくさせた、以上の経緯は、失火が最も自然で、合理的な解釈であることを示していよう。

その後も籠城中、薩軍との間で攻防を繰り返しながらも、会計部は兵士を城外に送り糧米や酒などを買い集めた。このことについては、後述（一三七頁）している。

射界の清掃

城下を焼く

谷干城司令長官は、守城を戦略として決定するや、「橋梁《きょうりょう》を撤《てっ》し、柴柵《さいさく》を結び、通路を塞《ふさ》ぎ、要所に地雷《じらい》を埋め、障碍《しょうがい》の家屋を毀《こぼ》ち、以《もっ》て展望を便にす」（「熊本守城戦略」）と、熊本城内外の整備を行った。『東京日日新聞』（明治一〇年三月一四日付）も、「熊本鎮台には初めより籠城の軍略にてあれば、城の近辺に人家ありては障《さわ》りになる故、よんどころなく一八日に明一九日正午一二時に市街人民の居宅を焼き払うから立ち退く様にとの達し」を出したと報じているが、この戦略にもとづいて、城下の主要なところへの放火が行われた。ただ、実際にはいつ城下の民家の焼毀《しょうき》が行われたのかはっきりしない。一九日の正午ごろなのか、それとも後述する富岡敬明の言うように二〇日なのか、その直前に熊本城が火事に見舞われたために、鎮台による城下への放火という事実が、その正確な日時刻限とともに、不鮮明になっている。

さて、この軍略は「射界《しゃかい》の清掃《せいそう》」と呼ばれるもので、攻撃すべき敵の姿を鮮明にするために、あらかじめ彼らが身を隠す場所を焼き払うという戦術である。これによって、城下の南側から東側にかけての地はほとんど灰燼《かいじん》に帰した。本書冒頭の石光真清の『城下の人』の一節は、このときの情景である。城下の四民は、先を争って難を逃れ、周辺からはこのときこそ稼ぎ時と、家財道具の運搬などの人夫として城下に入り込んだ。

ところが、陸軍参謀本部編纂の西南戦争の正史『征西戦記稿』上（明治二〇年五月）は、この事実を「曩《さき》ニ熊本城火ヲ失シ延テ市街ニ及ヒ、此地数里ヲ隔ルモ烟焔《えんえん》天ニ漲《みなぎ》リ、日色モ亦《また》為メニ黄ナル」（二月二二日の項）と叙述している。これは、これより前、谷干城の序文をえて一八八二年（明治一五）に刊行された『熊本鎮台戦闘日記』が、同じ二月二二日の項に「曩ニ熊本城火ヲ失ヒ、延ヒテ市街ニ及ヒ、此地数里ヲ隔ルモ烟焔遠ク空ヲ覆ヒ、太陽黄色ナルヲ見」とあるのを、ほとんど引き写しにしたものである。つまり、鎮台司令長官谷干城を含め、戦争の当事者は、熊本城下の火事を、熊本城の火事の延焼によるものと記録したのである。

「戦機に先つ焼毀」

しかし、このように叙述されるのには、次のような経緯があった。

熊本県と内務省は、戦争はまだ日々烈《はげ》しく戦われている最中ではあったが、被災者等への救済について、それが急務であると考え、田原坂《たばるざか》の戦闘を終えた三月二二日に、熊本県権令・内務権大書記官石井省一郎《いしいしょういちろう》は、内務卿大久保利通《おおくぼとしみち》代理内務少輔前島密《まえじまひそか》に、「賊徒追討ニ付、判任官以下給仕ニ至ル迄死傷者」に対する弔祭救助等を速やかに行わなければ「人心勧奨ノ道不相立《あいたたず》」と申し入れを行った。五月になって、内務省は熊本県に「兵難ニ罹《かか》リ家屋焼毀之者救恤《きゆうじゆつ》内規則」（熊本県政資料七―三二）を「案」として示して検討させ、熊本県は、五月一〇日になって全一二条の最終案を内務省に提示した。この案は、第一に、この規則は兵難に罹って家屋を焼失した者のためにとくに設けるものであり、他の財産などの損傷を補償するものではないこと、第二に、賊に加担した者は救恤の対象とはならないことを確認した上で、被災という場合、「攻守ニ緊要ナル為メ」ということで「戦機ニ先《さきだ》チテ」鎮台が「焼毀」した家屋と、戦争によってやむなく焼毀させられた家屋とは区別するべきだというのである。すなわち、戦機に先だって鎮台が市街の家屋を焼き払ったという行為は、「故《いたず》ラニ」行われた行為であって、戦争のなかでやむなく家屋が焼失することとは区別されるべきで、この不当な行為による被害者は戦争による被害者と区別して幾分厚遇されるべきだ、戦争中の罹災者への補償については内務省が責任を負うが、「故ラニ家屋ヲ焼毀」された被害者には、「幾分ノ救助ヲ鎮台ヨリ給セシムルヲ条理トス」と、鎮台が責任を負うべきだとの認識が示されていた。

ここには、戦争と戦術をめぐる興味ある認識が示されている。ここではこれ以上深入りはしないが、次のような論争が展開された。

ある者は、戦機に先だって焼くも、突然戦争になって焼くのも、家屋家財を焼亡するということでは同じではないか、だから戦争の前後で区別するのは現実的ではない、実際のところ実地に区分すること自体が困難だろう、むしろ熊本市内か市外かを区分する方がよいと提言する。いや、熊本市街・植木町・高瀬町と三つに区分した方がよいという者もいる。また、ある論者は、「(二月)二十日、二十一日鎮台、展望ニ妨害アルモノニ火ヲ放ツモ、火延ヘテ二十二日ニ至リテ止マス、二十二日開戦シ、同日以後ハ則チ戦闘中ナリ」、だから「区分立チ難キ証ナリ」という。

こうした議論をうけて、富岡敬明熊本権令は、「戦機ニ先チ家屋倉庫ヲ焼燼破毀云々」との一八日の「御達文」(今のところ原文は発見されていないが、「戦機ニ先チ家屋倉庫ヲ焼燼破毀」の文言を含む達が出されたことは明らかである)を、熊本市街のすべて焼毀の原因であるとするのは当を得ていない。なぜなら、一八日に鎮台が「非常ノ号砲ヲ発シ警備兵ヲ配置」したときが「戦機」なのであって、市街は、その後「十九日鎮台中天守ノ失火ヨリ延焼」したこと、ついで「二十日故ラニ焼払タル」こと、さらに「戦闘中追々焼失破毀セシ」ことによる三種の「焼燼破毀」を被っているのである。この三種の被害を区別することは困難で、ましてや「戦機ノ先後」で区別することはできない、だから「寧日之ヲ不問方穏当ニ属スヘク」という。

権令は、また別のところで「二月十八日非常ノ号砲ヲ発スルヤ、鎮台令ヲ下シ、直《ただち》ニ之ヲ促シテ四方ニ逃避セシム。此時ニ方《あた》テ、豈《あ》ニ其ノ家具諸物ヲ顧ルノ暇アランヤ」と述べているから、号砲をもって市中に知らせるだけでなく立ち退きを迫ったことも明らかである。そして、〝視界の清掃〟といって、市街の人家に一斉に火を放ったのはその翌一九日の、天守閣炎上の前であった。市中が火の海になりつつある時、天守閣が失火で燃え上ったと考えられるのであるが、ここでは失火・天守閣炎上→市中に延焼→視界の清掃→熊本城攻防戦、と展開したとすることで、視界の清掃＝鎮台による「戦機ニ先チ故ラニ家屋ヲ焼毀」という事実そのものの個有の意味を失わせようとしているのである。ついで二一日午前七時に薩兵が城下に侵入して、坪井・通町を通過したところを、嶽（竹）の丸および千葉城の守兵が出撃し、薩兵がこれに反撃するという、前哨戦的戦闘があった。鎮台はその直後にも、「城外障碍アル所ノ家屋ニ放火シ、下馬橋ヲ撤去」している。このように、一九日以後も、障害物の焼払という作業は行われている。一八日の「達」が「戦機ニ先チ家屋倉庫ヲ焼燼破毀云々」といい、同日「号砲」が鳴らされたというのであるから、一九日に鎮台兵による市街への放火が行われたと見るのが自然である。にもかかわらず、権令は、一八日に「号砲」を鳴らして警備兵を配置した段階で「戦機」と見なして、それ以後の「焼燼焼毀」は同質と見なすのがよい、「戦機ノ先後」については、「寧日之ヲ不問方穏当」というのである。こうして、最終的に、

戦機ニ先ツ焼毀之類ハ都《すべ》テ戦闘中ノ焼毀ト見做シ、唯艱難《かんなん》ノ軽重ヲ以テ熊本市街ト他各区ノ分ノミ之《これ》ヲ分チ、十五日内外日数ノ多少ヲ以テ区別候儀ハ相扣《あいひかえ》申候

と、「戦機ニ先ツ焼毀」という事実そのもの、鎮台が行った射界の清掃という戦略は、なかったこととされ、参謀本部の正史からも抹殺されたのである。

党薩諸隊の結成

学校党勢力と熊本隊

池辺吉十郎・佐々友房の薩摩入り

熊本では、一八七〇年（明治三）から七三年にかけて、実学党《じつがくとう》と呼ばれる開明派《かいめいは》が藩政の実権を握り、雑税を廃止するなどの大胆な藩政改革を断行、その下で廃藩置県を迎えていた。旧来の藩政の中心にいた学校党《がっこうとう》と呼ばれる保守派勢力は、実学党政権下では隠忍《いんにん》を強いられ、実学党政権倒壊後県政に復帰はしたが、新政府の開明政策への不満をならしていた。熊本での今ひとつの勢力神風連《しんぷうれん》が一八七六年一〇月に蜂起し、ついで秋月《あきづき》・萩《はぎ》と反乱がつづく中で、「吾党壮士輩意気益々激昂《げっこう》シ殆《ほとん》ト暴発ニ至ラントス、諸老ノ力ニヨリ纔《わずか》ニ之《これ》ヲ鎮撫《ちんぶ》スルヲ得」（佐々友房《さっさともふさ》『戦袍日記《せんぽう》』）という状態に、学校党はなっていた。この年一二月中旬、同党の領袖《りょうしゅう》桜田惣四郎は、弟子の高島義恭《たかしまよしたか》と古閑俊雄《こがとしお》の二人を鹿児島に隣接する人吉《ひとよし》に送り、人吉藩元家老那須拙速《なすせつそく》に面会させ、状況を探らせた。その結果、近いうちに大事が起こるに違いないとの感触を得たため、改めて鹿児島に全権使を派遣して西郷あるいは桐野利秋に会って、「密謀熟議」して事に当たろう、ということになり、池辺吉十郎と佐々友房の二人は、年が明けて一月五日熊本を出発、赤松太郎の嶮を越え水俣《みなまた》・川内《せんだい》を経て鹿児島には九日に着いた。さっそく池辺の旧知で、今は鹿児島県大属である今藤宏《いまふじひろし》を訪ね、ついで桐野・篠原国幹に面会を求めたが留守にて果たさず、ようやく会えた村田新八と意気投合、ただ、なにひとつ具体的な話や約束はないまま別れて、帰りは人吉を経由して一六日熊本に帰り着いた。

池辺は、迎えた学校党の面々に向かって、村田のいうことは信じるに足るものだ、私には秘かに期するところがある、君たちはどうするか、と問うと、皆は、「果シテ期スル所ノ如シ」と返答して、「各郷党壮年輩ヲシテ各々金拾円ヲ貯へ、緩急ノ用ニ充テシムべシ」と申し合わせ、さらに銃器弾薬のことに至るまで大方の議論をして別れたという（佐々前掲書）。

薩軍動くの報に接して

二月の四、五日ごろである。私学校党がまさに事を挙げようとしている、鹿児島県内の通行は遮断された、電信郵便は断絶した、などの噂が飛び込んできた。佐々や池辺は、にわかには信じられないでいたが、さきに鹿児島県庁に潜り込ましていた松崎迪《まつざきすすむ》が一二日、急ぎ戻ってきて、池辺らに、東京警視庁中原尚雄警部らによる西郷暗殺計画が露顕したこと、西郷が大いに怒り自ら政府に至り尋問するというので、弾薬製造所に闖入《ちんにゅう》して弾薬を略奪した（この点は、実際の順序と違っている）こと、西郷大将に随行するもの一万二〇〇〇人に及ぶことなどを報告したのである。

そして、翌一三日、城下から東郊四里の砂取《すなとり》にある佐々邸に集まった学校党の古閑俊雄ら若者十数名は、鹿児島県令大山綱良《おおやまつなよし》が各鎮台・各府県に差し出した通知書を読み、驚き歓び、大いに興奮して、痛飲快談、「百戦ノ後」、再び相揃って酒杯を挙げることはなかろうと決意するのである。そして、一四日、松浦新吉郎邸に、池辺・桜田・山崎定平《やまざきじょうへい》・緒方《おがた》夫門《ふもん》・大里八郎《おおさとはちろう》といった諸老と三宅新十郎《みやけしんじゅうろう》・城市郎《じょういちろう》・深野一三《ふかのいちぞう》・友成正雄《ともなりまさお》・松崎迪・佐々ら壮年組が集まり、挙兵の「名義」を何とするかについて議論した。佐々は深野・友成らと、「禁闕《きんけつ》守護」を名義とするのがよいと主張すると、池辺も、西郷は刺客のことを名義としているが、我々は平生《へいぜい》の志をこの機に実現すべきだ、だから別に一旗幟《きしょく》をたて

「禁闕守護」を旨として、薩軍と提携して事に従おう、こうすれば名実ともに万全だと賛同し、衆議一決した。

このことは重要な意味をもつ。私学校軍が、「政府ニ尋問之廉有之《かどこれあり》」との曖昧な理由を掲げたのに対して、学校党勢力（後述の協同隊《きょうどうたい》もそうであるが）は、有司専制批判・「禁闕守護」を明確な大義名分として参戦することになったのである。

あとは軍隊編制のことなどについて申し合わせを行ったが、問題は銃器・弾薬の調達であった。旧藩以来の藩士の家に保存されている銃器を集めたが、ほとんどがライフル銃で、「新製針打銃」（ミニエール銃のことか）は容易に手に入れることができず、弾薬については各家所蔵の弾薬では足りず、目に付きにくい同志のしかも巨室大家で、秘かに漁網の重り（熊本では「ユラ」と呼んだ）などを集めて溶解してつくった。

敵愾隊の編制

二月一八日、熊本県庁は市民に避難命令を発し、午砲《ごほう》三発を合図に、城門を閉鎖した。翌一九日午前一一時ごろ、すでに触れたように、熊本城が炎上、城下も火の海になった。このとき、佐々は家族と秘かに離宴を催していたが、火焔が熊本城を覆うのを望んで、鎮台将校が自火して籠城の決意をしたのだろうと想像したという。

図9　敵愾隊の旗（佐々淳行所蔵）

この城下の混乱する中、池辺は小川に帰着している別府晋介に面会して、攻城の方策を聞くと、別府は「我行路ヲ遮《さえぎ》ラハ只一蹴《ただいっしゅう》シテ過キンノミ、別ニ方略ナシ」と応えたので、池辺はあきれて戦略を説く気にもならず戻ってきた。

この夜、佐々たち学校党の坪井連《つぼいれん》の者七、八十人が健軍《けんぐん》村の鹽山家に集まった。ここで、隊長を選んですべてその指揮に従うようにすべきだと衆議一決し、ついては投票をもって隊長を決めることとなり、結果佐々が隊長に任じられた。佐々は、その場で高島義恭《たかしまよしたか》・古《こ》閑俊雄《がとしお》を軍監に、真鍋新十郎《まなべしんじゅうろう》を半隊長、筑紫照門《ちくししょうもん》・沼田常雄《ぬまたつねお》を分隊長に、浅山基雄《あさやまもとお》・葉《は》室侃温《むろかんおん》・岩下才九郎《いわしたさいくろう》を嚮導に、ほかに斥候・伍長・輜重長・録事・弾薬係・医員などを選任し、その名を「敵愾隊《てきがい》」と名づけた。つまり、挙兵の目的は「皇室ヲ翼戴《よくたい》シ国権ヲ拡張シ以テ聖天子ノ愾《いかり》ニ敵《あだ》セン」とするにあるとして名づけたのである。そして、佐々は自ら隊旗に敵愾隊の三文字を大書し、また「皇統無窮《こうとうむきゅう》」「国運挽回《こくうんばんかい》」「奸臣攘除《かんしんじょうじょ》」「外夷統馭《がいいとうぎょ》」の四句を旗に書いた。なお、「連」は青少年武士の地域組織であり、この連を基礎に部隊が編制されることになった。

そして、この敵愾隊が、学校党による最初の軍隊編制であった。二一日には、これに見習って、水道町《すいどうちょう》連が八十余人で「断行隊」を、城四郎ら通町《とおりちょう》連八、九十人が、丹羽尉一郎《にわいいちろう》ら本山《もとやま》の四、五十人が、深野一三《ふかのいちぞう》ら山崎連、財津永喜《ざいつながよし》ら京町連、また赤尾口《あかおぐち》連などが次々と隊を編制したのである。

そして二月二二日、薩軍による熊本城総攻撃が開始されるなか、これら学校党の諸隊は、健軍神社に集結、あらためて首脳の会議が開かれ、議論紛々、ようやくにして「禁闕守護」を名目として薩軍に加担することに決し、午後健軍神社社前で挙兵の式を行った。集まる者千三百余人、「熊本隊」として、一五小隊に編成したのである。佐々の敵愾隊はその第一小隊となった。

民権党による協同隊の編制

植木学校

熊本では、民権派の活動はきわめて活発であった。東京遊学中に中江《なかえ》兆《ちょう》民《みん》の仏学塾でルソーの『民約論』に接して感激、民権思想に早く目覚めた宮崎八郎《みやざきはちろう》が一八七四年（明治七）末に帰県すると、平川惟一《ひらかわいいち》や有馬源内《ありまげんない》などとともに熊本県権令安岡良亮《やすおかりょうすけ》に願い出て、熊本県第五番中学として県北部の山本《やまもと》郡植木《うえき》町に植木中学校を開校した。ここでは、ルソーの『民約論』をはじめ、モンテスキューの『万法精理』、頼山陽《らいさんよう》の『日本外史』、ギゾーの『文明史』などが講じられただけでなく、松山守善《まつやまもりよし》が「夕刻になれば撃剣又は戦争の時の負傷者死屍を運搬する稽古なり、実に一種奇怪の学校であった」（松山『自叙伝』）と書いているような、きわめて実践的な民権結社としての性格をもっていた。宮崎・平川・有馬・松山あるいは崎村常雄《さきむらつねお》・広田尚《ひろたひさし》らここに集まった民権派の人たちは民権党と呼ばれ、ここを拠点に熊本県内はもちろん九州各県に遊説を行うのである。また、公選県民会設立運動を推進し、あるいは民衆の区戸長公選運動をも指導した。ただ、県もこうした学校の存在をいつまでも容認するわけにはいかず、同年一〇月には植木中学校を廃校処分にしてしまうのであるが、民権党はその後も霽月社《せいげつ》をつくって結社を維持しているところに、西南戦争が始まるのである。

さきに、平川・宮崎・有馬らは鹿児島に桐野利秋を訪問して行動をともにすることを約していたが、鹿児島の不穏が伝えられると、千反畑の有馬源内邸や坪井の高田露《たかだあきら》邸を密議所として、学校党と同じように漁網の重り（「ユラ」）や、鍋釜を集めて溶かし弾薬を製造しながら薩軍の来るのを待った。二月一九日、熊本城が炎上し、城下も火に包まれるなか、城南の民権党の同志は有馬邸に、城北のものはかつての植木学校（中

図10　熊本協同隊出陣の地

学校廃止後小学校になり民権党の麻生直温《あそうなおはる》や蓮沢速応《はすざわそくおう》が教師として居残っていた）に集合、翌二〇日、鎮台兵が千反畑の民権党を襲撃するとの噂か情報かが入り、保田窪《ほたくぼ》神社に結集することに決定、その日は四十数人の民権党の同志が集まった。

ここで、選挙で本営参謀以下諸役を選んだ。

本営参謀　宮崎八郎
本営詰　関慎蔵　広田尚　中根正胤　堀善三郎
小隊長　平川惟一
半隊長　有馬源内
分隊長　麻生直温
嚮導長　原田清
嚮　導　野満安親　高田露　広岡利雄　築地貞俊
輜重長　安藤維
副輜重長　田中政太郎

やがて、同志が次々に加わり、後にはおよそ四〇〇人になったという（協同隊員の名簿は、「熊本賊徒並隊名簿」〈『明治の熊本』熊本県史料集成12、熊本女子大学郷土文化研究所、一九五七年所収〉に、結成時の隊員九七名の名を明らかにしているが、全貌は明らかでない。寺田正一は、丹念な調査によって二〇七名の名前や出自を明らかにした〈『西南戦争協同隊士の研究』一九九四年〉)。二一日夜、協同隊は、地元民の注視のなか、保田窪神社を出発し、日暮れに川尻についた。まちまちの服装に銃・弾薬・刀剣を帯びるといった出で立ちでの出陣であった。山鹿の大森総作《おおもりそうさく》が提供してくれた一五〇〇円のうち五〇〇円は天保通宝であったから、保田窪神社には荷車に積んで運び込まれた。兵士は、一日分の握り飯とともにその天保銭を配当され、「銅鑼《どら》に太鼓に足拍子、鼻歌を謡ひ、勇気凜々《りんりん》、川尻に進軍」したという(『西南記伝』下巻二)。ここで止宿、翌二二日未明薩軍に投じ、熊本城の鎮台を襲撃、激しい戦闘が行われるのである。これについては後述するが、この戦闘で、野満安親《のみつやすちか》・富《とみ》記《き》兄弟・硯川五六郎《すずりかわごろくろう》が戦死し、平川は兵を率いて出京町小学校に至り、そこで民権党の隊を「協同隊」と名づけたという。その後、薩軍は本営を、川尻から本庄へ、ついで二本木に移したので、薩軍との連絡の必要性から、協同隊も本営を二本木においた。

一九日、宮崎八郎は、天守閣の炎上を有馬邸から見上げ、酒ながら

に、

協同隊挙兵の趣意

二ツトセー　二つともたない此身体、毛よりも軽きは国の為め、また民の為

四ツトセー　四方の国々平らげて、自由のはたをばひるがえせ、世の道開きと、「一トツトヤー」節を替え歌にして即興でうたったといわれる（宮崎滔天《とうてん》「熊本協同隊」『熊本評論』明治四〇年一一月五日付第一〇号より明治四一年六月五日付第二四号まで一四回連載）。ここには、民権家としての心情がこめられているが、平川や宮崎が、二〇日保田窪神社に赴くときに、同志を激励して述べた次の言葉は、彼らの主張をより明確に示してくれている。

僕等不肖《ふしょう》なりと雖《いえど》も皇国の一民たり、義共に天を戴《いただ》かず、願くば諸君と同心協力、上は以て姦臣を除去し、下は以て百性を塗炭《とたん》に救ひ、内は以て民権を保全し、外は以て国権を拡張し、遂に天壌《てんじょう》を窮《きわま》りなからしめんと欲す、諸君之れ勤めよや

と。そして、宮崎の筆になると伝えられる「協同隊挙兵の趣旨」は、一八七三年以来、政府は奸吏《かんり》が握るところとなり、「賞罰は愛憎に出で、政令は姑息《こそく》を究《きわ》め、苟且偸安《こうしょとうあん》、外、国際の権利を失し、内、末世の兆候」を呈していると、批判するとともに、西郷陸軍大将を暗殺せんと刺客を鹿児島に送ったことを論難し、「我輩多年の宿志《しゅくし》を遂ぐる、此時にあらずして何ぞ。乃《すなわ》ち同心協力、断然暴政府を覆《くつがえ》し、内は千載不抜の国本《こくほん》を確立し、外は万国対峙《たいじ》の権利を恢復《かいふく》し、全国人民と共に真成の幸福を保たんと欲す。是、我輩の素志《そし》な

り。我輩の義務なり」と、意気高く宣言している。民権を主張するものが、どうして西郷たちに与するのか。この文章から明らかなように、敵が同じであることが基本なのだが、松山守善は次のような事実を伝えている。すなわち、松山が宮崎に「君は西郷々と常にいうが、西郷は帝国武断主義にてお互いの主義理想とは相容れざるが如何に思ふや」と尋ねると、宮崎は「実ニ然《しか》り、然れども西郷に依らざれば政府を打倒するの道なく、まず西郷の力をかって政府を壊崩し、しかる上第二に西郷と主義の戦争をなすの外なし」と答えたという（松山前掲書）。

一九日の熊本城炎上を目の当たりにして、悲憤慷慨、薩軍を支えようとして行動を起こした者もいた。藩政時代に馬術師範役を勤めていた中津大四郎《なかつだいしろう》である。彼は龍田口の九品寺《くほんじ》に本営を置き、門下生ら四十余名を集めて滝口隊と称し、大江地方に集積されていた熊本鎮台の米穀を略奪、味噌・醬油などをも集めて薩軍兵の来襲を待った。こうして薩軍は糧食の一切を滝口隊に任すことになった。滝口隊は、さらに兵站《へいたん》支部を明午橋畔《めいごばしはん》・養徳寺《ようとくじ》・三間町《さんげんまち》の三ヵ所に置き、薩軍の熊本城攻撃を支えたのである。

政府の対応と官軍の編制

征討軍の編制

薩兵の戦略読めず

一八七六年（明治九）一二月二七日、内務少輔林友幸《はやしともゆき》は陸軍少将大山巌《おおやまいわお》とともに長崎から鹿児島に入った。熊本の神風連《しんぷうれん》の乱《らん》とそれにつづく秋月《あきづき》・萩《はぎ》の反乱後の情勢探索を目的に県内を視察したのであるが、翌年一月二一日とくに異常を認めることはないとして、宮崎を経て帰京した。とはいえ、政府は、非常事態発生の予防対策として、陸海軍所属弾薬庫の鉄砲・弾薬は速やかに運び出したほうがよいとの内閣顧問木戸孝允《きどたかよし》の意見があり、曲折はあったが、一月二九日（あるいは三一日）三菱《みつびし》会社所有の汽船赤龍丸《せきりゆうまる》を派してそれを実行しようとした。それが、私学校の生徒に阻止され（犬迫《いぬさこ》村火薬庫より弾薬四〇〇個を積み込んだだけで二月一日鹿児島港を離れた）、かえって彼らによる弾薬庫襲撃に結果したこと、そして事の重大性に対する認識が、二月五日の西郷の挙兵やむなしとの決定に至ったことについては、先述の通りである。

時に、天皇は、烈風ようやくおさまった一月二四日、大和国および京都行幸の途についた。この日天皇は、海軍大輔海軍中将川村純義《かわむらすみよし》が陪乗する軍艦高雄丸《たかおまる》に乗り、軍艦清輝《せいき》・春日《かすが》の二艦を率い、軍艦龍驤《りゅうじょう》に先導させて、横浜港を出港、二八日神戸港に入港し、即日京都に入った。三〇日には孝明天皇陵に行幸して十年式年祭を親祭し、その後も各地・各所・各陵に行幸するなどして、二月六日に至ったところで、行在所《あんざいしょ》に、熊本鎮台より私学校党の弾薬略奪の電報が入ったのである。そこで、ただちに川村中将と林少輔を鹿児島に向かわせ、九日、川村の高雄丸は鹿児島港に入った。迎えた鹿児島県令大山綱良《おおやまつなよし》を乗船させ会談することはできたが、鹿児島はすでに挙兵の勢いに迫っており、西郷とは会うこともできない、かえって高雄丸を奪い取ろうとする動きも察せられたことから、上陸をあきらめ帰途についた。しかし、強風のためようやく備後《びんご》の糸崎《いとさき》に着いたのが一二日。そこから、秘書を尾道《おのみち》にやり、尾道の電信局から熊本鎮台には、警備を厳にするようにと電報を打ち、内務卿大久保利通《おおくぼとしみち》・陸軍少将大山巌・海軍中将中牟田倉之助《なかむたくらのすけ》にも打電して情勢を報告した。そして、その日（一二日）のうちに神戸港に入港し、ここで待ち受けた山県有《やまがたあり》朋《とも》・伊藤博文《いとうひろふみ》両参議と面会して対策を協議したのである。

軍事行動を先行

山県は、川村の報告を受ける前の二月九日、各鎮台司令長官に対して、「鎮西および南海に在て、人心頗《すこぶ》る洶々《きょうきょう》たる」状況である、いつでも措置できるよう備えるべしと訓示し、かつ三条実美《さんじょうさねとみ》太政大臣の承認を得、上裁を請うて、翌一〇日の朝には、近衛歩兵第一連隊・東京鎮台歩兵一大隊・同山砲兵一大隊・同輜重兵一小隊・同騎兵一分隊・大阪鎮台歩兵一大隊・同山砲兵一大隊に対して出撃の準備を整えさせた（これより前、すくなくとも二月四日までに、鹿児島での事態を警戒して神戸に陸軍参謀部が設置されたことは後述する）。

この段階では、まだ西郷たちの出方は分からない。山県が、一二日に作成したという戦略書は、薩軍の戦略について、海路戦艦を率いて東京あるいは大阪に突入する（第一策）、長崎あるいは熊本を略取し、熊本鎮台を撃破して九州一帯を占領し、中原《ちゅうげん》に進出する（第二策）、鹿児島に割拠して形勢をうかがい、時機に乗じて進出する（第三策）のいずれかだろうと推察して、そのいずれであっても海陸並び進んで、桜島湾大隅に突入して鹿児島城を落とすことが必要だ、もし「已《すで》に破裂するや、天下土崩の勢とならん」と述べていた（徳富猪一郎『山県有朋伝』中）。

とはいえ、東京府本郷区森川町の警視第四方面第二分署所属の四等巡査喜多平四郎《きたへいしろう》が残した『征西従軍日誌』（喜多平四郎・佐々木克監修『征西従軍日誌―一巡査の西南戦争―』）によれば、この九日夜に、その分署の警部補以下二五名に九州地方への出張が命じられ、翌一〇日払暁《ふつぎょう》、分署の二五名が揃って鍛冶橋内本署《かじばしないほんしょ》に集合したところ、各分署から合わせて六〇〇人が集められていたという。彼らは新橋停車場から汽車で横浜に至り、ここで川路利良大警視からの内諭を受け、一一日には汽船神奈川丸に乗船して九州に向かったのである。これによれば、二月九日には警察は動き始めているのであるが、薩軍の戦略を承知したからではない、取りあえず九州に向けて出発させたのである。一同を乗せた船は、一六日に博多港に着き、二〇〇人の巡査が下船して、うち一〇〇名は佐賀に、残りの一〇〇名は福岡に向かった。ついで翌一七日に、長崎港で日記の主人公喜多ら二〇〇人が下船、残り二〇〇名を乗せた神奈川丸は熊本に向かった。喜多は、この長崎で、西郷が大兵を率いて肥後国水俣に入ったことを知るが、「これより何れへ出張するや、確定せずといえどもただ今にも進軍開戦にもあいなるべきや」と日記には記していた。そして、翌一八日内務卿大久保利通から「電報数次、肥後国熊本城急なり」「銃器を携え、熊本へ発すべし」と命じられたのである。こうして方針が定まり、一九日、蒼隼丸《そうじゅんまる》という別の汽船で、熊本をめざすことになるのである。

政府内部では、西郷の帰趨について判断できない。鹿児島の動揺は勅使派遣で収めることができるのではないかといった意見もあり、「鹿児島賊徒征討」の詔勅が下るのは二月一九日になったが、警察隊や軍隊の軍事行動は、先行して進んでいたのである。

すなわち、川村純義の尾道からの電報に接した山県有朋は、その日（一二日）、後命を待たせてあった東京と大阪の軍営に各隊出動命令を発し、翌日には広島鎮台司令長官陸軍少将三浦梧楼《みうらごろう》に管下の一大隊を下関《しものせき》に分遣するよう命じている。

この二月一三日、三条実美《さねとみ》太政大臣は「鹿児島賊徒聚合《しゅうごう》不容易形勢ニ付、警察注意すべし」と内達し、岩倉具視《いわくらともみ》右大臣は、使（開拓使）・府・県宛てに「鉄砲弾薬、陸海軍省・鎮台用向以外の売買・運送を厳禁す」（松下芳男『明治軍制史論』上巻）との達《たつし》を出した。二月一四日には、「旧大内ヲ以テ行在所トシ、仮ニ太政官ヲ設」（『明治十年政典　京都府』京都府立総合資料館所蔵。分類明治十—一—一）けると布達して、鹿児島の予想される事態に備えて、政府を一時的に京都に移すこととしたのである。これが、西南戦争に際してとられた行政的措置の最初である。そして、二日後の二月一六日前島密《まえじまひそか》内務少輔は、京都の槙村正直《まきむらまさなお》知事に打電して、「鹿児島事件ニ付、伺ノ儀ハ、京都出張ノ内務卿エ差シ出スベシ」（原文カタカナ。同前）と指示している。

一六日には丸亀《まるがめ》営所の一大隊を広島に移動させ、下関の軍隊を増強させた。また、熊本の谷干城《たにたてき》の小倉・福岡の兵を熊本城に合併するとの方針を受け、小倉への二中隊の補充をも行うよう措置をした。そして、一九日の熊本城天守閣炎上の前後に、権少警視神足勘十《こうたりかんじゅう》郎《ろう》率いる東京警視隊五〇〇名、福岡の乃木希典《のぎまれすけ》連隊の半大隊が熊本城に入城し、鎮台と合流するのである。

征討軍の編制

さて、山県有朋は二月一四日以来、大阪の旅館に、野津鎮雄《のづしずお》陸軍少将・三好重臣《みよししげおみ》陸軍少将・岡本兵四郎《おかもとへいしろう》陸軍中佐らを集めて協議を重ねていた。そして、一八日に至って野津と三好を「勅使警備兵司令長官」とし、野津が横浜から連れてきた近衛歩兵第一連隊（連隊長佐野貞澄陸軍中佐）と東京鎮台歩兵第一連隊第三大隊（大隊長心得迫田鉄五郎《さこだてつごろう》大佐）および大阪鎮台の諸隊を「勅使警備兵」として熊本に派遣することを決めたのである。というのは、「朝廷猶《なお》疑フ所アリテ、事ヲ皇張スルヲ欲セス、故ニ俄《にわか》ニ征討ノ名ヲ下」（同前）すことを控えたためである。

しかし、その夜、太政大臣三条実美は、京都に、大阪出張中の参議山県有朋を急遽召還し、内閣顧問木戸孝允《きどたかよし》・参議大久保利通・同伊藤博文と会して廟議を決し、一九日早朝奏上して、「行在所布告第一号」として、「西京御駐輦被仰出候条、此旨布告候事」と太政大臣三条実美の名で出した上で「鹿児島県暴徒擅《ほしいまま》ニ兵器ヲ携ヘ熊本県下ヘ乱入、国憲ヲ不憚《はばからず》叛跡《はんせき》顕然《けんぜん》ニ付、征討被仰付《おおせつけられ》候条此旨布告候事」（「行在所《あんざいしょ》布告第二号」）との鹿児島県暴徒征討令を発したのである。

そして、同日「行在所達第一号」として、「西京御駐輦《ちゅうれん》ニ付而《ついて》ハ、征討ニ関スル事件ハ総テ行在所ヨリ被仰出《おおせいだされ》候条、此旨相達」を布達し、征討に関する事務はすべて行在所から出すこととして、参謀局長鳥尾小弥太《とりおこやた》に行在所陸軍事務を担わせることとした。また、熾仁《たるひと》親王を鹿児島県逆徒征討総督に任じ、山県および川村を征討参軍とし、二五日に臨時海軍事務局を神戸に設置して海軍大佐兼太政官大書記官林清康《はやしきよやす》に担任させた。天皇は、平定に至るまで東京還幸を中止することとしたのである。

ここで面白い問題がある。熾仁親王は、武官に任じられることのないままで、征討総督として軍令権を委任されているのである。戦跡田原坂《たばるざか》の「崇烈《すうれつ》碑」の撰文には、「明治十三年十月陸軍大将二品大勲位熾仁親王撰文並篆額《てんがく》」と、熾仁親王は陸軍大将とされているが、陸軍大将に任じられたのは明治一〇年一〇月一〇日のことで、「鹿児島県逆徒征討ニ方《あた》リテ、朕《ちん》、卿ニ委スルニ総督ノ任ヲ以テス、卿ノ能ク朕カ旨ヲ体シ、久シク……艱苦《かんく》ヲ

図11　征討総督有栖川宮の一行

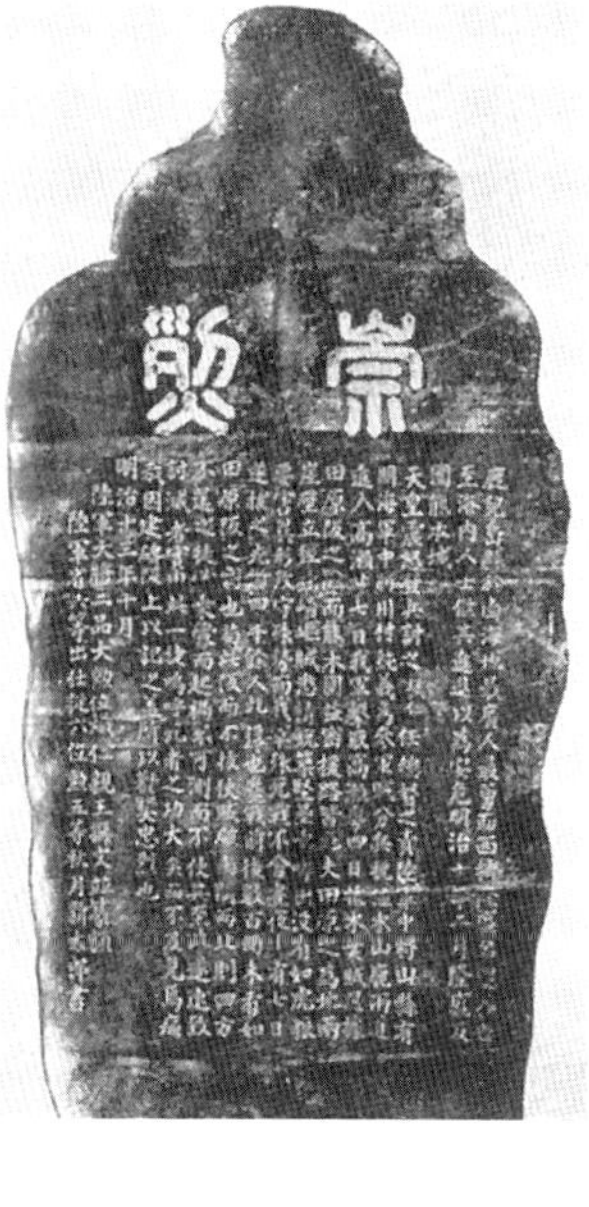

図12　崇烈碑（拓本）

歴《へ》、画策ソノ宜シキヲ得、克《よ》ク平定ノ功ヲ奏ス。朕深ク之ヲ嘉《よみ》ス」との勅語とともに任じられたのである。松下芳男は、このことについて、「征討に関する陸海軍一切の軍事並に人事は、太政大臣の輔弼《はひつ》を要せず、亦《また》陸海軍卿の関与を許さざるものであって、太政大臣及び陸海軍卿に独立した一軍事機関が、臨時的にできたのである」（松下前掲書）と説明している。まさにその通りであるが、皇族を征討総督に据え、かつ武官ではなく文官のままであるとした理由には、西郷らの反乱の大義名分を喪失させようとする意図があったと見ることができよう。有司専制を君側の奸として、打倒することに名分を求めていたのだから、この措置はそれを崩すに十分であったと見ることができる。

さて、征討軍は、第一旅団は野津鎮雄《のづしずお》を司令長官として、東京鎮台第一連隊第三大隊・大阪鎮台歩兵第八連隊第二大隊・東京鎮台予備砲兵第一大隊第一小隊・東京鎮台予備工兵第一大隊第二小隊の二分一をもって構成し、第二旅団は近衛歩兵第一連隊・東京鎮台予備砲兵第一大隊の一個小隊・東京鎮台予備工兵第一大隊の半個小隊と騎兵・輜重《しちょう》兵若干をもって構成し、三好重臣陸軍少将を司令長官にした。この両旅団の兵は、二〇日、四隻の汽船に分乗して神戸港を出港し、二二日に博多に上陸、第一旅団は博多に、第二旅団は福岡に本営を置くこととした。

また、薩軍が海路進撃してくるのを阻止するために、天草の阿久根に戦艦清輝を、長崎に戦艦龍驤を送って警戒させた。

当初は、この二個旅団で、兵員は各二〇〇〇人、大砲はわずかに六門であったが、二月二五日、下関で、近衛歩兵の一個小隊・大阪鎮台歩兵の二個小隊および砲兵・輜重兵若干をもって第三旅団を編制し、三浦梧楼陸軍少将を司令長官としたのである。

その後、戦闘が進むにつれて、次第に兵員を増加し、第四旅団（司令長官曾我祐準《そがすけのり》陸軍少将）、別動第一旅団（司令長官高島鞆之助《たかしまとものすけ》陸軍大佐、戦争中に少将）、別動第二旅団（司令長官山田顕義《やまだあきよし》陸軍少将）、別動第三旅団（司令長官川路利良陸軍少将・大警視）、別動第四旅団（司令長官黒川通軌《くろかわみちのり》陸軍大佐）、別動第五旅団（司令長官大山巌陸軍少将）、さらに新撰旅団（司令長官東伏見宮彰仁《ひがしふしみのみやあきひと》親王陸軍少将）と、全体で、歩兵五五個大隊、砲兵六個大隊、輜重・騎兵若干、工兵一個大隊の、総兵力陸軍五万八五五八人（うち将官一一人、佐官一二八人、尉官二一八八人、兵卒四万二〇五六人、別種徴募兵六七〇〇人、軍属一六二一人）で、別に海軍の兵員二二八〇人がこの戦争に参戦した政府軍（官軍）の総力である。もっとも、この数は公式の記録であり、たとえば大量に抱えた軍夫《ぐんぷ》は、後述するように戦争の途中で軍属となった。これらの数が考慮されているとは思われない。

陸上自衛隊北熊本修親会編『新編西南戦史』は、官軍の編制上の特徴について、最大の特徴は徴兵であり仏式を採用して、歩・砲・工・輜重の四兵種を基礎として、当初一ケ軍団（三コ旅団）よりなり、旅団は歩兵二コ連隊、砲兵・工兵各一小隊を基幹とした約三〇〇〇人で、連隊は二～三コ大隊よりなっている。騎兵は近衛・東京鎮台にのみあったが数少なく伝令用に使用された。輜重兵は各鎮台にあったが少く、軍夫がほとんど物資輸送にあたった。……兵力源は薩軍に比べると旧藩士族二十～三十万、並びに徴兵によることができ極めて大である。

と、述べているが、長引く戦局のなかで、次々に兵は徴募され、戦地に送られていったのである。

軍政機関と軍令機関

総督本営

さきに有栖川宮《ありすがわのみや》が征討総督に任じられたとき、総督本営は大阪東本願寺旧学寮に置かれた。これは、山県有朋の一二日の「戦略書」において、薩摩軍の動きを大局的につかみその動きに応じて陸海軍の進退・分合を迅速かつ自在に行うためには、戦略の指揮は大阪を根拠地とするのがよい、と指摘していたことに対応したものであった。その後、二三日神戸を発った山県参軍は、二五日下関に到着、待ちかまえていた三浦梧楼をともないその日のうちに博多に行き、そこに総督仮本営を設置して総督を待った。有栖川宮総督は、二四日に京都を発ち兵庫港より出航、二六日に博多に着いたが、波が高くて艀舟《はしけ》を出すことができず、翌日の夕刻になってようやく上陸、福岡の勝立寺《しょうりゅうじ》に入り、仮本営をここに移して、この日、征討の理由を九州諸県に告示したのである。その告示文は次のようにいう。

従二位島津久光《しまづひさみつ》父子および西郷隆盛は深く国家のために尽力したものであるから、天皇は身を挺してでも人心を鎮撫しようとして勅使を派遣しようとした。彼らは挙兵の名目がないために帰県した東京巡査を捕縛して「無根ノ偽名ヲ以《もつて》シ強テ名義ヲ設ケ」、檄《げき》を全国に飛ばして、兵器を携えて国境を閉ざし、全県下の兵を挙げて熊本県下に侵入し官兵に抗敵し暴威を逞《たくま》しくしている、もはや許せない、隆盛以下の官位を剝奪《はくだつ》し、天兵を挙げて殲《せん》滅《めつ》するしかない、海内の人民は大義名分のあるところを弁《わきま》えて方向を誤るな。

すなわち、福岡や佐賀・久留米《くるめ》などの士族がどのように動くか分からない、それを監視し呼応して兵を挙げるのを阻止するのに適した地として福岡を選び、総督本営を置いたのである。

この総督本営は、三月一五日までには久留米に移動したものと思われる。本営参謀部（後述）の『日記　発遣電報之部』（防衛庁防衛研究所図書館所蔵）に、「クルメ本営」「久留米川村参軍」「久留米本営」などの文字がみえるのは三月一五日が最初である。すなわち、この日、「久留米本営参謀部」の名前で高瀬の静間《しずま》健介中佐に宛てて「是迄福岡ニ居候伝令騎兵、御中越之儀、今朝同地へ出発致サセタリ」（第一三四号）と打電しており、また、同日「久留米本営」の名で「御中越之通東京鎮台歩兵一大隊半、今朝福岡へ為致出発、同地へ差立タリ。尤《もつとも》久留米・福岡ニ滞在シタル二中隊之内福岡之分ハ本日交代済、同地へ向出発。久留米之分は追而《おつて》交代次第出発致サスベシ」（第一三五号）と高瀬の山県参軍に宛てて打電している。また、これも同日、神戸（陸軍参謀部）の鳥尾小弥太中将に宛てて、

東京鎮台歩兵第一連隊第一大隊・第二連隊第一大隊共、昨日福岡着、又参軍之命ニ依リ、第一連隊第一大隊ハ高瀬へ、第二連隊ノ第一大隊之内一中隊は福岡衛戍《えいじゅ》、又一中隊ハ久留米衛戍兵ト交代シ、残リ二中隊ハ高瀬へ繰込タリ。尤是迄福岡・久留米へ滞在中候二中隊モ同様高瀬へ繰込筈。

と久留米本営から報告している。田原坂の激戦の模様が知れるものである。

この征討総督本営は、四月一七日総督が熊本城中にはいると、それに合わせて城中に移動し、さらに七月二五日熊本から鹿児島に移され、八月三日にさらに都城《みやこのじょう》に移され、戦争終結まで存続するのである。

征討陸軍事務所

総督本営が福岡に移動した後の大阪には何が残されたのか。征討陸軍事務所が設けられたことは明確なのだが、大阪の征討陸軍事務所への

「戦闘報告第一回」（参議大久保利通・同伊藤博文・陸軍中将鳥尾小弥太宛）は、三月一七日付の参軍山県有朋・同川村純義が高瀬の本営から行った田原坂の戦闘の生々しい報告である。二月二七日の福岡への総督本営設置以後の二〇日間は、どうであったのか、詳細は分からない。あるいはそのまま大阪の総督本営は久留米への移転まで存続させていたのかも知れない。また、この征討陸軍事務所がどこに置かれたのか、本営が置かれていた東本願寺旧学寮なのか、後述のように陸軍参謀部が置かれた三橋楼なのか不明である。

さて、征討陸軍事務所への参軍からの最後の報告は七月一五日付であるが、七月二七日になって、鳥尾中将は京都府に対して、「大阪表へ更ニ征討陸軍事務所被置候条、為心得此旨相達候事」（『明治十年政典　京都府』）と達している。これによると、征討陸軍事務所は一旦廃止されたか、廃止寸前のところまできたのが、さらに復活あるいは存続ということになったものと思われる。

すなわち、大阪の征討陸軍事務所は、七月中旬にはほとんど廃止の状態になった。鳥尾小弥太はその事務取扱であり、行在所の陸軍事務所の陸軍事務取扱である陸軍中将西郷従《つぐ》道《みち》（いうまでもなく西郷隆盛の実弟である）とは良き連係プレーをとってきたが、西郷中将が戦地に赴いたので、鳥尾はそのあとをついで行在所の陸軍事務取扱に任じられた（七月二四日)。ところが、急遽天皇の東京への還幸（三条太政大臣による布告――行在所布告第八号――は二五日、実際は一八日海路還幸）ということになり、行在所は当然廃止されることになった。したがって行在所陸軍事務取扱所も廃されることになった。そうなると、京都・大阪のいずれにも陸軍事務機関がなくなることになってしまうので、大阪の征討陸軍事務所を存続させることになった。そこで鳥尾は再びもとの役職に戻ることになった。そして、この征討陸軍事務所は一〇月三一日まで、つまり戦争終結後一ヵ月半近く存置されたあと、引き払われたのである。

臨時海軍事務局

海軍の施設についてもふれておかなくてはならない。海軍がこの西南戦争にかかわる最初の行動は、私学校生徒による火薬貯蔵庫襲撃事件の報が海軍省に届いたことから、その真相究明のために川村純義海軍大輔・海軍中将と林友幸内務少輔を鹿児島に赴かせたことである。川村らは高雄丸四八六トンに乗船して神戸を発し、九日に鹿児島港に入ったが、上陸は果たせず、大挙して二日に備後糸崎に入港して、尾道から事情を打電したことについてはすでに述べたところである。山県・伊藤両参議には神戸で会いたいと連絡し、春日・清輝の二艦には神戸港で待機するよう、鳳翔《ほうしょう》・孟春《もうしゅん》の二艦には速やかに神戸港に向かうよう指示している。これをうけ、鳳翔・孟春の二艦は、九日に横浜を出発して一六日神戸港に入港した。

このように、海軍はすべて神戸港を基点に行動した。神戸港は、内陸では京都の行在所、大阪の総督本営（征討陸軍事務所）と容易に結ぶ位置にあり、海路は瀬戸内海から下関を経て長崎にいたり、九州の西海岸に沿って鹿児島に通じる枢要なところであった。そこで、二月二五日、行在所は第三号達《たつし》を発して、「臨時海軍事務局ヲ神戸へ置キ、征討事務取扱可致、此段相達候事」（同前）と、神戸に臨時海軍事務局を置くことを決定した。事務局は、神戸の弁天浜三井銀行旧支店に置かれ、「東西ノ声息ヲ通シ、艦船ノ要需ヲ弁」ずることが任務とされた。局長には林友幸内務少輔・海軍大佐が任じられ、島田修海海軍大軍医・町田実一海軍大主計・古海長義海軍中秘書・宗像《むなかた》靖共海軍少秘書・福島行治海軍少秘書・佐藤時幾海軍八等属・増沢和平海軍九等属がその局務にあたった。

ところが、戦争が始まり、海軍の艦船が常時九州地域に展開するようになると、「艦船ノ要需ヲ弁」ずるには神戸は遠くて不便になった。そこで、三月二五日、臨時海軍事務局は長崎に移されることになった。そして、人事も一新され、伊東幸平海軍少主計・実田武民海軍少主計・磯部通義海軍省秘書・三宅当男海軍八等属・加治木《かじき》正彦海軍八等属・加藤謙三郎海軍十等属らが、その局務にあたることになった。

以後、臨時海軍事務局は戦争が終わるまで長崎に置かれ、移動することはなかった。

これまでみてきた陸軍事務局あるいは臨時海軍事務局は、それぞれ陸軍省・海軍省の出先機関という役割を担うものであったが、軍隊の作戦・用兵その他軍隊の行動を指令する、いわば統帥部としての参謀（本）部が設置されたことはいうまでもない。

陸軍参謀部

陸軍参謀部が最初に設置されたのは神戸で、神戸陸軍参謀部所管史料の最初のものは明治一〇年二月四日のものである。それは、中牟田倉之助海軍少将から川村純義海軍大輔宛てに打電されたもので、発信は四日午前九時五分、着信は午前一一時である。電文は、

三十一日夜、鹿児島製造所ニテ小銃弾薬二万四千発盗《ぬすみと》取ラレタリト電信アリ。委細郵便ニテ可申越候也。（『明治十年自一月四日至同二十四日　諸方来翰　神戸　大坂之部　陸軍参謀部』防衛庁防衛研究所図書館所蔵）

これから推察すると、西南戦争勃発の一一日前に、いや、西郷たちが挙兵を決定するより以前に、こうした事態を予定して参謀部が設置されていたことになる。先に、川村純義海軍大輔が山県・伊藤両参議と神戸で鹿児島の事態について協議したことについてふれたが、神戸には参謀部がすでに設置されていたことと関係があろう。

その後、三月二一日になって、鳥尾小弥太陸軍中将から、

都合アリ、参謀部を当分又大阪三橋楼《みつはしろう》ニ移シタリ、尤《もっとも》会計部及ヒ参謀部出張所ハ尚《なお》神戸ニ置ク、故ニ重立《おもだち》タル儀ノミニ限リ直ニ大阪へ御差越アリタシ。（第一号）

との連絡が、三条太政大臣、山県・川村参軍、久留米総督本営、神戸黒田少佐、東京西郷中将宛てに出され、ほかに大久保・伊藤両参議、大阪鎮台、名古屋鎮台、渡辺昇大阪府知事には郵便で報知された（『発翰日記　完　大阪三橋楼　陸軍参謀部』同前蔵）。ここに、「当分又」とあるから、二月四日から三月二一日の間に、大阪三橋楼に参謀部が移動していた時期があったのかも知れない。

さて、この陸軍参謀部は、弾薬のこと、徴募兵のことなどにつき、総督本部などに指示を行っている。二、三の例をあげれば、

シナイドルノ玉ハ今日何ヨリ貴トシ、故ニ仙台ニアルモノ要用ナラサレハ東京迄ナリトモ取寄セアリタシ（第一号　三月二一日　曾我少将より原田大佐へ）

一人口・二人口ノ召集隊ハ遊撃隊ト名ツケ、歩兵ハ第一ヨリ第五大隊マテ、砲兵ノ第一・第二小隊ダケハ名古屋御面ニテ編制ノハズ。広島ノ分ハ取調中（第一八号　三月二二日　曾我少将より林内務少輔へ）

山県参軍ヨリ又、「兵隊ヲ繰出ス様」申来リタレトモ、急ニ応スルノ兵ナシ。依テ小倉・福岡・下ノ関等ノ兵ヲ其方ヨリ直ニ戦地へ繰込ノ取計《とりはからい》アレ。跡ハ当方ヨリ追々繰込ムヘシ。此旨山県へモ報知アリタシ（第五八号　三月二四日　鳥尾中将より三好少将へ）

兵隊繰込ノコト承知ス。然ルニ此間ヨリ都合致置タル兵、八代《やつしろ》へ向ケル筈ニテ、今晩既ニ山田・川路等相率ヒテ同処ニ向ヒシノ報アリ。依テ右之名カ旅団ヲ「筑後《ちくご》海岸ヨリ御地へ繰込ミ、八代口ハ暫《しばら》ク防守ノ事ニ」ナス方可然《しかるべし》ト存ス。右之次第貴官ヨリ直ニ黒田参軍へ御打合ニナリテハ如何。尤此外猶三大隊ハ繰合、「近日御地へ」繰込ム積ナリ。（第五八号　同日　鳥尾中将より山県参軍へ）

これらの記述から、陸軍参謀部の役割は、第一に戦地にいる参軍等の要請を受けて、兵員および武器・弾薬等の手配を行うことであり、兵員への指揮は、いわば戦地に繰り込ませるところまでである。第二は、兵員の徴募集である。徴兵軍隊については徴兵のシステムがあるのだから、この参謀部の預かる部分ではないのであろうが、旧兵隊で一人口・二人口を下賜されたことのある、したがって政府に対する信頼をもっていると期待される者（近衛兵など）の募集、あるいは四月以降の壮兵募集などは、この参謀部の指示で行われた。

第三は、戦況その他の報告である。

こうした任務を行う参謀部は、大阪・神戸のほかにも下関（下ノ関）・和歌山・宇和《うわ》島《じま》・椎木村《しいのきむら》の四ヵ所に設置された。下関は三月二六日から八月にかけて、和歌山は四月から六月、宇和島は六月から九月、椎木村は八月から九月にかけての期間である。和歌山や宇和島の陸軍参謀部は主に壮兵募集の任務を帯び、他は戦局の進展に合わせて、接近する好都合の位置に設けられたものと思われる。

軍団と裁判所

軍団

各旅団はそれぞれ、あるいは共同の本営をもつが、それら本営を束ねるものとして軍団があり、それは参謀部のほかに、会計部・軍医部・砲兵部・輜重《しちょう》部・運輸局・軍用電信掛《がかり》・裁判所・旧別動第五旅団・工兵第六方面よりなり司令部機構をそなえていた。その中枢に軍団事務所あるいは軍団本営があり、戦争の展開過程にあわせて、各地に出張本営が設けられた。

その軍団本営が置かれたことが確認できるのは、南関《なんかん》（南ノ関　三月三日から八日）、高瀬《たかせ》（四月九日から一二日）、鹿児島（四月から五月、七月から九月）、日知屋村《ひちやむら》（五月から九月）、八代（六月から七月）、佐敷《さしき》（六月から八月）、高岡（七月から八月）、延岡《のべおか》（八月）、高《たか》鍋《なべ》（八月）、小倉《こくら》（九月から一〇月）である。ただ、史料上では、軍団本営（参謀部）なのか、総督本営（参謀部）なのか、判断が付きにくい。防衛庁防衛研究所図書館所蔵の資料で、軍団本営と分類されていても、それが確かであると判断するのが困難なのが実情である。

軍団裁判所

軍団は、裁判所をも擁していたが、この裁判所の上位に九州臨時裁判所が置かれた。これは当初福岡に設置されたが、五月九日になって長崎に移庁された。ここで、捕らえられた薩軍や諸隊の一人ひとりにつき裁判が行われるのである。しかし、この九州臨時裁判所とは別に、日常的に審判を下す裁判所として軍団裁判所が設けられた。というよりは、軍団裁判所の最上位に九州臨時裁判所が置かれたとみるのが正しいのかも知れない。ともあれ、軍団裁判所は、正式には三月一〇日に南ノ関に初めて開設された。ここで、正式にといったのは、これより前に七等判事兼陸軍裁判所評事である近野種徳《こんのたねのり》と裁判所一〇等出仕の夏吉利雄《なつよしとしお》らがこの地に下ってきており、陸軍裁判を行っていたからである。

『奉幉　軍団裁判所』（防衛研究所図書館所蔵）には六六〇件余の審理の結果が記録されているが、それによれば、ここで最初に事件が扱われたのは三月六日のことで、これが先に触れた（「熊本城炎上」五六ページ）、熊本鎮台会計部当分雇の春岡知了の敵との内応の嫌疑についてである。

南関では、この事件の外にも数件の審理を行っているが、陸軍中佐兼裁判所評事池内重華、大尉兼大主理井上義行《いのうえよしゆき》、裁判所一四等出仕正木光忠《まさきみつただ》、裁判所一四等出仕辻永光《つじながみつ》らが命を受けて九州入りし、さらに熊本鎮台への赴任の途中、博多で足止めをくっていた一七等出仕横山貞大も加わり、二月一〇日、南関に軍団裁判所が正式に開設されたのである。

ところで面白いことには、すでに審理が行われていたそのあとの、三月一六日に軍中仮治罪法が定められているのである。この時点から、法にもとづく正式の審判が行われ始める。そして、三月二三日高瀬に裁判所出張所が置かれ、少主理の武司任重・一四等出仕正木光忠・橋村正名《はしむらまさな》・横田弘義《よこたひろよし》に事をとらせたが、四月三日には、出張所ではなく軍団裁判所それ自体を南関から高瀬に移すことになった。

裁判と探索

さて、「鹿児島県賊徒征討中軍団裁判所沿革之概略」（『明治十年　下関暴動事件並雑書　軍団裁判所』防衛研究所図書館所蔵に収録）には、次のような記述がある。

此日（四月三日）井上大主理、橋村正名ヲ遣シ工兵隊ノ罪犯小倉ニ在ルモノヲ審判セシメ、且ツ夏吉利雄ヲ豊津ニ、横山貞大・横田弘義・辻永光ヲ三池《みいけ》ニ遣リ、動静ヲ探索セシム。

これによれば、軍団裁判所は裁判だけではなく、探索を行うことも職務としている。したがって判事たちは軍人としての活動をも行っているのである。そして、四月一〇日に至って、①下士官以下の兵卒で、労役以上の罪にあたるものは、地方警部に引き渡して身体を拘束し、大阪行きの便があるときにそれに託して大阪に送り刑を執行するというのが手順となっているが、都合のいい便がいつになるか分からない、そのために拘留が長引くのは不都合で、犯人にとっても気の毒であるので、軍団裁判所では、犯罪の事情を斟酌してただちに刑名（懲役何日とか）を告げ、地方監獄に委ねて、懲役人同様に労役させ、しかるのち大阪あるいは熊本に送って、残りの日数分労役させることにする、②徒刑服《とけいふく》の準備が整わないので、戒役服を転用すると定めた。

しかし、その四日後山川浩中佐率いる一中隊が熊本城に入城し、翌一五日には黒田清隆《くろだきよたか》参軍・川路利良少将が入城して、薩軍の包囲が解けると、翌日には総督本営もここに移され、軍団裁判所も四月一九日熊本城内に移されることになった。

官軍は、薩軍を追いかけつつ戦線を移動していき、それに合わせて、軍団裁判所もその出張所を開設していった。すなわち五月四日出張所軍団裁判所の概則を定めて、この日のうちに八代と鹿児島に出張所を置き、鹿児島には井上義行大主理らを派遣した。そして翌日「賊徒推問ノ条款」を作定して各出張所に頒布しているが、捕縛した賊徒からは、次のようなことを訊き出せと言うのである。すなわち「現在ノ人員ノ多寡如何」「募兵ノ方法如何」「金穀ノ支出如何」「金穀欠乏スルヤ否」「大隊長以下ノ姓名及ヒ死傷ノ多寡如何」「衆情和スルヤ否」「将来ノ目的如何」「士民ノ向背如何」「弾薬ハ何レノ地ニ於テ製スルヤ。硝鉛等ハ何レノ地ヨリ買収スルヤ」の九条にわたるもの（「同前」）で、官軍＝政府が薩軍について何を知りたがっているかが知られ、実に興味深い。

さて、六月六日には人吉に出張所を設けて、八代から森田中主理、熊本から武司中主理（小主理から昇格したものと思われる）・正木少録事が出張って投降した捕虜を取調べ、六月二七日には佐伯《さえき》にも出張所を置いた。また、出張所を設けなくても、判事が出向いて審理を行う例も見られる（六月九日の二見《ふたみ》での出張裁判）。

刑の執行

ところで、驚くべきことは、裁判所が刑の執行をも行っていたと思えることである。七月一〇日のことである。別動第二旅団歩兵第二五中隊二等卒岩松浜兵衛を、放火犯ということで死刑に処している。要するに、軍団裁判所は、軍隊はもちろん警察としての機能にくわえて、近代国家においては行政権に属する刑の執行をも行う機能を有していたのである。七月一五日には、「軍属の犯罪戒役以下ニシテ、戴罪服務ニ当ラサルモノハ、両律比較表ニ照シ、一時ノ権断ヲ以テ常律懲役日数ヲ笞杖《ちじょう》ニ抗シ実決セン」と、懲役刑の判決をうけたものについては、それに見合った笞杖刑に換算して、即処刑するというのである。恐らく、たえず戦線は移動しているのであり、処理が長引くことは何かと不都合である、また、微罪で戦線に復帰させ得るものについては、一日も早く戦線に復帰させたいとの思惑からの処置であると思われる。そして、七月二三日には、福岡県筑前国第七大区四小区泉河内村の平民深野吉右衛門を我が軍夫でありながら賊の間諜をなしたるものとして、また屯田兵輜重部附属開拓使農業生徒の永井百三郎を「持凶器強盗」をおかしたものとして、ともに死刑に処している。

七月一九日には、宮崎県の小林に出張所を設置して、八代から森田中主理、熊本から生駒正臣を派遣してことの処理にあたらせ、森田の抜けた八代には正木少録事を任じた。

七月二八日には、軍団裁判所は、いよいよ鹿児島に移され、熊本のそれは出張所となった。ついで、八月四日には都城に出張所を置き、武司中主理、黒川通秀《みちひで》・関島芳蔵《せきしまよしぞう》を派遣したが、その二日後の六日には都城の出張所を軍団裁判所に格上げして、九日、宮崎にその出張所を置いて、小林から高岡に移されていた出張所を吸収した。この日、第二旅団歩兵第一一連隊兵卒手島弥作を「持凶器強盗」を犯したとして、熊本出張所に送り死刑に処している。

軍団裁判所は、その後八月一八日には宮崎に、二二日には富高新町《とみたかしんちょう》、さらに九月三日には細島《ほそしま》に移され、そして九月一九日に鹿児島に、今度は出張所が開設された。

西郷が自刃した三日後の九月二七日、賊徒平定凱旋の令が出され、「百般区所終リ」ということで、本所および出張所が解かれたが、軍団裁判所開設以来七ヵ月の間に、軍人軍属で法に触れるものとして二二七人、賊徒で降伏して縛《ばく》に就いたものおよそ三五〇〇人が裁かれたという。

戦争と民衆

熊本城攻防戦

二月二二日

薩軍五七〇〇人は、この二月二二日午前三時、川尻《かわしり》を発し、別れて二軍となり一つ（正面軍）は新屋敷《しんやしき》方面から、一つ（背面軍）は城の西の段山《だにやま》方面に進んで、払暁《ふつぎょう》を期して一斉に攻撃を開始した。先夜の川尻泰養寺《たいようじ》での軍議は、全軍が城を強襲するという方針と、一部は攻城するが、多は北上するという方針が対立したが、西郷の決定で全軍強襲となった。正面軍の池上四郎《いけのうえしろう》率いる五番大隊の八個小隊一七〇〇は、本荘《ほんじょう》村から二手に分かれた。一手は、南は長六橋《ちょうろくばし》から下馬橋と県庁を窺い、桐野利《きりのとし》秋《あき》率いる四個小隊八〇〇も下馬橋攻撃に加わる。いま一手は北は安巳橋《やすみばし》から坪井《つぼい》さらに京《きょう》町《まち》方面に進んだ。鎮台兵は、本荘の白川《しらかわ》岸頭に薩軍がみえるとすぐさま砲撃を開始したが、隊を開いて攻撃してくる薩軍を下馬橋の砲台、また飯田丸《いいだまる》・千葉城《ちばじょう》の砲台から砲撃、京町に進んだ池上の隊は錦山《にしきやま》神社から埋門《うずみもん》を攻撃してくる、それを鎮台兵は反撃する。西京の石井権中警視は川路利良大警視に宛てて、「佐賀支庁ヨリ報知アリ」として、「二十二日、薩兵熊本鎮台ヲ四方ヨリ取囲ミ熊本城西南ニ当リ戦争、薩兵敗北、打死凡ソ二十名。又城東ニ当リ戦争、コレモ薩兵敗北、打死三名」（二月二三日午後六時五分発電報、大山巌文書、国立国会図書館憲政資料室蔵）と報告しているが、問題は城の西側にあった。背面軍の、篠原国幹《しのはらくにもと》率いる八個小隊一六〇〇は城の西の小高い丘段山を奪い、ここに別府晋介《べっぷしんすけ》が六個小隊を率いて合流した。別府は前日一〇個小隊を率いて高橋《たかはし》地方で海軍の邏卒《らそつ》を撃破したあと、四個小隊を海岸防備のために残し、残りの兵を率いて合流したのである。

城中の巡査喜多平四郎《きたへいしろう》は次のようにいう。

> 賊軍城の四方を囲周し大砲数門を備え、城を攻撃すること猛烈なり。銃丸また雨注。城兵これに応じて防御粉骨秘術を尽くせり。しかる所《ところ》城の西南の袖に属し、城に接近なる最も枢要の地たる彼《か》の段山に守兵を置かざるが故に、賊兵直ちにこれに侵入し、そこに拠りて烈《はげ》しく城を攻撃す。城兵これが為に大いに困《くる》しむ。此の段山たる城に接する所の地形凹にして、道を界《さかい》しその距離十五間二十間ないしの接近の場所なり。城

図13　破壊された藤崎宮（古写真，熊本城顕彰会所蔵）

兵この所を防御するに当たり、胸壁《きょうへき》の設けなく、賊兵段山に直入して城を攻撃すること最も烈し。城兵死力を尽くして奮闘勉励し、漸く小楯を造り追々に胸壁となす。故に将校より士卒に至り死傷最も多し。敵にここより突入せられざりしは城兵の大勉励にして。勇というべし強というべし。

この段山だけではない。城の西南の方向にある花岡山《はなおかやま》からは、城内が厠《かわや》隅に至るまで見通せるほどで、この山の中腹に薩軍は大砲を備え、昼夜を分かたず、破裂丸をもって城を射撃してくる。鎮台は、城内に籠もって、城外の要

図14　熊本城攻防戦（明治10年2月23日）

図15　正面（西側）から段山を望む（古写真，熊本城顕彰会所蔵）

地に守線を張ることは全くしていなかったために、藤崎台《ふじさきだい》の藤崎神社、旧片山《かたやま》多門邸（廃藩置県の際、城内の上級武士の館は国に空けわたされた）の守地は攻撃にさらされた。神風連《しんぷうれん》の攻撃で九死に一生をえた中佐与倉知実《よくらともみ》十三連隊長は、片山邸で指揮にあたっていたが腹部を敵弾によって貫通され、やがて死亡した。参謀長樺山資紀陸軍中佐も藤崎台で防戦中銃創をうけた。それでも、薩軍は城内に突入できない。その様子を花岡山から眺めていた三番大隊一番小隊の辺見十郎太《へんみじゅうろうた》は、三〇〇の兵を率いて駆け下り、高麗門《こうらいもん》から筒口《つつぐち》に展開して、城近くに迫るも、漆畑《うるしばた》や野砲営からの鎮台兵の烈しい攻撃を受け城壁に接近できなかった。

篠原率いる第一大隊三番小隊に編入されて従軍した蒲生《かもう》の郷士野添篤《のぞえあつし》は、段山の攻撃に加わっていた。野添は、日記の中で、

午前八時頃ヨリ銃戦ス、敵（鎮台兵のこと…注）ハ大砲ヲ放テド味方ハ小銃ノミ、双方負ケス劣ラス戦ヒシガ、夜ニ至リ益々砲火ヲ浴《あび》セ掛ケラレ、味方ハ散リ散リニ退却ノ止ムナキニ至リ、自分ハ僅カ二十七、八名、尾崎村ト云ヘル処ニ休息ス。此処ニ来ル途中歩ミ走リツ、食事ヲナシタ。夜十一時頃味方ノ大砲到着シ、一ヶ所ニ四門ツ、備へ、三ヶ所ニ陣シ、火ヲ掲ケテ激戦ス

（晋哲哉「『十年役出軍野添篤氏日記』について」『敬天愛人』一一号）


と、述べている。戦いが始まったとき二番砲隊はまだ八代にいたのである。本営からの急命で、二日の行程を一日で駈け、夜一一時ごろに山砲一二門をもって到着したというわけである。薩軍もまた、万全の体制を整えて戦争を開始したのではなかった。

西郷小兵衛の一番大隊一小隊の河東祐五郎《かわひがしゆうごろう》は、まだ暗いうちに川尻を発した。第一大隊・第二大隊・第五大隊と加治木《かじき》大隊あわせて六千余の兵の一人として進軍、朝靄のほのぼのと明け渡るころ熊本に着いた。ただちに「弾を籠めよ」の令、ついで「散隊にて前《すす》

め」の号令、麦畑を敵やあるかと捜しつつ、急歩で城壁に向かう。通過する市街は火焔滅せず、煙は立ちこめ、「いとど惨状を呈し」ている。「既に城近く攻め至るや、軍中忽《たちま》ち起る攻撃喇叭《らっぱ》の声」、すわやとかかえる鉄砲を一斉に撃てば、「城中より射出す万丸、身辺に蝟集《いしゅう》すること雨よりも繁し、忽ちにして、隊伍恰《あたか》も麻を乱すが如く、右往左往と馳せ散りて」河東は本隊を離れ、同伍をも見失い、唯一人ときどき銃を放って逃げる。その四、五間後の稲塚に拠った兵が敵弾にあたって死んだ。一六歳の少年のはじめての経験であったという（晋哲哉「熊本城奪取は可能だった」、五代夏夫『西郷隆盛のすべて』新人物往来社、一九八五年）。

さて、鎮台兵は城内に籠もっていただけかといえば、そうではない。第三大隊第二中隊の滝川忠教大尉および同大隊第一中隊の小島政利大尉の部下各二〇名は合流して城外に出て高麗門を襲い、さらに民家に放火して戻り、同大隊第三中隊の寺内清祐大尉の部下二〇名と巡査若干名も、井芹川《いせりがわ》に添って段山の左翼を衝いている。

西郷と熊本隊

『新編西南戦史』によると、この日夜明け前に川尻布屋《ぬのや》を出た西郷は、徒歩で熊本に向かい春竹《はるたけ》で砲声の響きを聞いた。やがて、本荘の白川岸にある代継《よつぎ》神社に着き、ここで攻城の様子を眺め、京町方面の戦線から駈けてきた池上四郎の戦況報告を聞いた。その後、西郷は代継神社を出て春竹本通の紺屋松島善七《まつしまぜんしち》方に本営を置いたという。佐々友房《さっさともふさ》の『戦袍《せんぽう》日記』によれば、「初メ翁（西郷…注）ノ熊本ニ達スルヤ本荘村富家某ノ家ニ居ル、幾《いくばく》モナク春日村春日神社ノ近傍某ノ家ニ移転ス」とある。

熊本隊は、旗を健軍《けんぐん》神社の鳥居前に掲げて、社前に全軍が整列、神官が奏する楽の励ましをうけて結成の儀式を終え、午後三時大江《おおえ》村の本営に移動したが、その日の夕刻の大江村本営での会議で、松崎迪《まつざきすすむ》と高島義恭《たかしまよしのり》の二人を「本荘村大本営」に遣わし、戦術についての打合せを行わせることにしたという。これは、代継神社のことであろうか。神社を「富家某」と呼ぶのも不自然である。代継神社近くにあったとみて差し支えないのではないかと思われる。鹿児島進発以来西郷と行動をともにしてきた大砲隊二番隊病院掛の久米清太郎《くめせいたろう》は、この二二日の日記に、「夕十時頃カ、本隊ハ熊本城下花岡山へ出張ニ而《て》、直ニ万右衛門ハ宇都《（土）》へ報知へ返シ、我々四元《よつもと》（雄輔）同道、薬品箱ハ人力車へ頼、……花岡山迄時々出張」（久米雅章「西南戦争従軍日記（加

佐々友房著
戰袍日記　全
明治二十四年五月
版權所有

図16　戦袍日記

図17　熊本城内古京町の土蔵（古写真，熊本城顕彰会所蔵）

世田市川畑久米家蔵)」『鹿児島史学』第三九号、「久米清太郎出陣日記」、宮下満郎「久米清太郎従軍日記について」『敬天愛人』一一号)と書きのこしている。花岡山の登り口に春日村があるのであるから、夜遅く春日村に本営を移したと見るのが正しいと思われる。

さて、西郷に会った印象を、松崎・高島は、「西郷大将身体肥満、眼孔濶《かつ》大《だい》、荘重ニシテ威風アリ。而《しか》シテ面貌穏和、語辞穏静、礼遇最モ至ル」と語り、「僕等ニ接スルヤ大将双手《もろて》ヲ地ニ着ケ、頭ヲ低《た》ル、コト頃刻《けいこく》、曰ク、某《それがし》ハ西郷吉之助ナリ、今回ノ事一ニ貴県ヲ煩ハス、謝スル所ヲ知ラザルナリ、僕等因テ進テ攻城ノ方略ヲ乞フ、大将乃《すなわ》チ答テ曰ク、貴隊地理ニ精《くわ》シ、明暁ヲ以テ城北ヨリ短兵急ニ突入セハ、吾大軍ヲ以テ三面合撃、一挙城ヲ抜ン云々」と述べたという。この報告を受けて、城北の漆畑および諸木園から進入するのが良策であると決したのである。

ところが、ここに大本営からの使者が来て、明暁の進撃は中止せよといってきたというのである。佐々たちは、この方針がどうして生まれたのかその時は知らされなかったが、次のような事情があった。すなわち、新着の薩軍の各隊長（西郷小兵衛・野村忍介《のむらおしすけ》ら）が川尻で協議して、全軍をあげて一城を攻囲するのは得策ではない、自分たちは両筑豊肥を略し、長崎・小倉を占領できれば九州は動揺し、国内至るところで心ある者は蜂起するだろうとの意見でまとまり、これを本荘の大本営に伝えたところ、激論おさまらず、西郷が攻城は断然中止だとの結論を出したというのである。

協同隊の初戦

保田窪《ほたくぼ》神社で血盟した協同隊の平川惟一《ひらかわいいち》や宮崎八郎《みやざきはちろう》らは、二一日川尻の本営を訪ねて、篠原国幹に会い、攻城の方略を尋ねたが、篠原は「何の戦略か之れあらん。唯一蹴《いっしゅう》して過ぎんのみ」と豪語するのを聞き、前途を憂慮するとともに、「吾人は宜《よろ》しく潔よく快戦し、斃《たお》れて後已《や》まん」と決意したというが、二二日、薩軍が地理に不案内であることから、協同隊は同志を分派して各隊の嚮導《きようどう》とした。野満安親《のみつやすちか》は、篠原の隊の嚮導長となり弟の富記《とみき》とともに、段山からの攻撃の先頭に立った。二人相携えて弾丸雨注の中を突進して、まず富記が城壁によじ登り、兄安親これにつづく。しかし、ともに砲煙に包まれて遂に敵弾に斃《たお》れた。しかし、兄弟は、城壁にしがみついているところを撃たれたのか、城壁をよじ登り城中に討ち入って斬殺せられたのか、死体さえ発見されず、定かではないという（『西南記伝』下巻二、六八一頁）。

宮崎八郎もこの初戦で、敵丸のために頭部に傷を負うたが、三月三日の父宛ての手紙には、「手負《ておい》は、極極《ごくごく》薄く少少カスリ迄に御座候間、御安心奉願上候……西郷先生始め桐野・村田等の諸豪傑と日夜協謀、実に以て愉快の事に御座候」（同前）と説明している。

こうして、初日の戦争は、双方ともに大いなる犠牲を生み、しかも次への見通しをもほとんど得ることのできない泥沼の装いをもって終わったのである。

薩軍、長囲策に転換

二二日夜の軍議（西郷隆盛の決定）にもかかわらず、翌二三日も夜明けを待たず、薩軍は総力を挙げて城を攻めた。片山邸をめぐる攻防は熾烈をきわめた。鎮台兵も暗闇に乗じて日向崎《ひゅうがさき》村に出撃、いくつかの胸壁を抜き同村を占領したが、薩軍の援兵が来たため、暫時防戦ののち、夜が明けるにおよび急ぎ城に

図18　灰燼となった城下町

花岡山から見おろす．（3月下旬撮影，古写真，熊本城顕彰会所蔵）

とって返した。薩軍の七番人隊の坂本小隊（一番小隊）は、花岡山からの砲撃をバックに、高麗門から県庁の一隅に突入し、三番大隊の辺見小隊（一番小隊）が迎町方面から援護した。籠城軍は、それに対して藤崎および飯田丸の砲台から山野砲および二〇拇臼砲《ドイムきゅうほう》を連発して、四方池《よもち》村の薩軍の砲台の砲車を撃砕して、薩軍の突入をくい止めた。正面軍の千反畑《せんたんばた》からの千葉城攻撃も撃退した。

熊本隊は、薩軍の方針を見定めるため、佐々の隊を先頭に、全一二隊が京町に集結・整列したところに、昨日は篠原国幹とともに、段山口攻撃に参加していた池辺吉十郎《いけべきちじゆうろう》が単身合流し、そこで推挙されて大隊長になった。この京町では、協同隊の隊長平川惟一が部下を率いて堡塁《ほうるい》を守っていた。

翌二四日も、薩軍は、城下の東南から嶽の丸や厩橋《うまやばし》を、高田原《こうだばる》や山崎《やまさき》からは県庁を、段山からは片山邸を砲撃したが、城兵の火砲により撃退された。

ともあれ、薩軍らによる攻城は、ことごとく退けられた。二二・二三・二四の三日間の攻撃の失敗は、薩軍に方針転換を迫った。これは、すでに西郷小兵衛や野村忍介らが主張していたことであったが、一部を攻城組に残して、本隊は北上して南下する征討軍に備えるというものであった。すなわち、池上四郎を攻城指揮官として、正面軍に二〇〇〇人、背面軍に一二〇〇人の兵、さらに大砲隊は一番・二番砲隊を残し、桐野・篠原・村田・別府の諸将は高瀬方面に向かわせることになったのである。

田原坂の激闘

小倉連隊の南進

小倉に駐屯の一四連隊の少佐乃木希典《のぎまれすけ》連隊長は、二月一七日熊本に向け進発するよう命令を受けた。連隊は一九日までの間に順次進発を開始した。乃木は第三大隊とともに一八日に小倉を出発、南関から高瀬そして木葉《このは》道《みち》を進んだ。そして、熊本攻城戦の煙をはるかに眺めながら、主力は二二日昼前に高瀬に着いた。そして、夕刻に植木《うえき》から斥候を出したところ、植木の南方向坂《むこうざか》で待ち伏せをしていた薩軍（村田《むらた》三介《さんすけ》元近衛少佐率いる小隊）の攻撃を受けた。さきに、熊本城攻防戦について報じた石井権中警視は、同じ電文の中で「（二十二日）午後四時頃植木宿エ薩兵三百名斗集来、一時戦争、勝敗分カラス」と述べているが、佐賀出張川畑警部は、「午後五時植木エ賊寄セ来ル（中略）夜ニ入リ植木ヲ焼キ番兵ヲ置キ、本隊ヲ高瀬ニ据ル。官軍傷者数人死人無シ」と熊本警部補からの報知として、警視局に伝えている（大山巌文書、同前）。このときから、連隊にとっての戦闘が始まった。戦いは一進一退であったが、地元植木出身の協同隊員高田《たかだ》露《あきら》の嚮導を得た薩軍の攻撃を受け、連隊は千本桜《せんぼんざくら》への退却を余儀なくされた。その折、乃木は旗手河原林《かわらばやし》雄太少尉に旗を捲かせて退却させたが（『西南記伝』中巻二）、河原林は千本桜には姿を見せなかった。乃木は、八方手を尽くして彼を捜したが、見つからないまま、その日は木葉に露営した。翌日早朝、向坂植木口本道西側の茶の木の根本に倒れている河原林を農民が見つけ、その体に捲きつけてあった旗を薩軍の村田三介に届けたという。これが、乃木が連隊旗を奪われるに至ったことの顚末である。

翌二三日、乃木の一四連隊は、植木から木葉一帯で、北上する薩軍と交戦、手痛い打撃を受けるが、二四日には、第一旅団・第二旅団がそれぞれ南進して高瀬付近にまで進出した。いっぽう、薩軍も、熊本城長囲策に転じて主力が北上、植木周辺で先発隊と合流した。池辺吉十郎率いる熊本隊の主力、佐々らの三個小隊もそれぞれ木留《きどめ》から高瀬に向かった。

戦場となった木葉村民

二月二一日のこと、第七大区四小区の小区事務所に村役人たちが相拠って談合しているときに、官軍が南関表に出陣したとの報告とともに、人足《にんそく》や草鞋《わらじ》を用意せよとの達《たつし》が届いた。五小区木葉町の戸長坂本淳蔵《さかもとじゅんぞう》の屋敷に県官遠近二等属が来て村役人たちが集められた。翌二二日、官軍が木葉町に入った。隣村上木葉村の境木《さかいぎ》というところで、村役人が総出で、糧食の炊き出しや人馬・諸品の周旋を行った。二三日、薩軍二百余名（三〇〇名ばかりとの記録もある）が、その上木葉村に南隣の二俣《ふたまた》村から進入した。そして午後二時、いよいよ戦争が開始された。この砲声を聞いて、山鹿《やまが》に向かっていた薩軍の一隊が駆けつけ、「抜刀喧声《けんせい》ヲ発シ、勇ヲ鼓シテ」、官軍を脇から急襲した。

上木葉村の農民田尻勝次《たじりかつじ》の長男才太郎《さいたろう》（一三歳）は、村が戦場になったため、急ぎ便所に飛び込み怖さをこらえ隠れていたが、官薩いずれのものか、弾丸が頭にあたって即死した。家族は動転して、悲しみの届をすることも忘れ、一ヵ月後に「流丸ニ而《て》死亡御届」を提出した。

戦争は、官軍が潰《つぶ》れて、高瀬・南関の二道に敗走、薩軍はそれを追い、その夜植木町に帰った。薩軍は、二俣村から進撃の際、人家五戸に火を放った。また、植木町に引き返すとき薩軍手負の者の運送のため、二俣村から人夫三〇名ばかりをかり出している。賃銭は払われていない。第七大区四小区原倉《はらくら》村用掛の国友新平《くにともしんぺい》は、この戦争の間、弾薬配りや、戦死者・負傷者の運搬などで動き回っていたが、午後六時ごろ小区事務所に引き取り、翌日夕刻になって帰宅している。五小区用掛の丸田誠次郎《まるたさいじろう》は、官軍敗走のあと、戸長詰所に向かおうとしたが、薩軍が押し寄せてきたため、あちこち逃亡して夜一〇時ごろ木葉町に立ち帰った。ところが、薩軍が屯集していたので、やはりわが家には近づけず二四日未明になって帰宿した。そこで、周囲に官軍の死骸がいくつも転がっていたので片づけの作業をしているうちに、また薩軍が群集してきたので、埋葬に至らず、そのままにして家に戻り潜伏していたという。四小区稲佐《いなさ》村用掛の井上甚作《いのうえじんさく》は、避難潜伏してようやく三月三日に帰村するが、なんと、彼の家は焼失していた。

このように、最初に官軍の支配するところとなり、その戦争の後方支援をさせられた地域の民衆は、薩軍を恐れて、逃げ隠れしなければならなかったのである。

二五日、今度は薩軍二百余名が、木葉町に出兵して陣を張り、炊事場を設けた。白木村の記録では、この日から二七日までの三日間に、白木村は都合七五人の村民を人夫として、この炊事場等に送った。また、迫られて、白米七斗を握り飯にして木留《きどめ》村の薩軍本陣に届

図19　田原坂を望む（古写真，熊本城顕彰会所蔵）

けた。

二六日、官軍は木葉町に進撃、薩軍を攻めた。丸田誠次郎は潜伏先から立ち帰り、やり残しの官軍の死骸を埋葬し、酒《しゅ》飯出夫《はんしゅつぷ》などの周旋をし、浦田《うらた》・上木葉両村用掛高田文蔵《たかたぶんぞう》も上木葉の自宅に戻るや、自家の精米五斗、清酒一斗を官兵に献じるなどした。村役人の多くが避難潜伏しているとき、この丸田・高田両者の活動は目を見張るものがあり、丸田はこのとき「厚心配行届候」ということで、「進軍ノ隊長」より金六〇銭をもらっている。

この官軍の攻撃を受けて、熊本隊三〇人ばかりが飽田《あきた》郡硯川《すずりかわ》村まで敗走、その折白木《しらき》村民一〇人ほどの人夫に玉薬運送をさせている。やはり無賃である。

官軍の木葉奪還はこのいっときにすぎず、再び薩軍の攻撃の前に敗走、逃げる途中で二俣村の人家一〇戸に火を放っている。薩軍は、玉名《たまな》村まで官軍を追撃して午後六時に木葉に帰陣した。

翌二七日、木葉の薩軍は、植木から到着した兵を加えて四百余名にもなった。この数をもって安楽寺《あんらくじ》村に官軍を攻めたが、今度は敗戦、八〇名ばかりの負傷者を抱えて、植木に逃げ帰った。

この日、薩軍は高瀬に向けて総攻撃を準備した。木葉に駐屯した四〇〇名を含め、篠原国幹（一番大隊長）の率いる一番大隊の三個小隊、別府晋介（連合大隊長）率いる二番大隊の二個小隊、四番大隊の一個小隊あわせて一二〇〇名は、高瀬の正面を、四番大隊長桐野利秋率いる二番大隊の二個小隊、四番大隊の一個小隊あわせて六〇〇名は、山鹿から菊池《きくち》川《がわ》にそって北側から高瀬を、二番大隊長村田新八率いる五個小隊一〇〇〇名は吉次《きちじ》・伊倉《いくら》を経て下流より高瀬を、それぞれ攻撃するというのである。まず、木葉を出た篠原軍が、菊池川上流の迫間《はさま》の三好少将率いる一連隊に攻撃を集中、官軍は薩軍の渡河は何とかくい止めたが大打撃を受け後退、桐野軍と第二旅団の野津少将・岡本中佐率いる軍隊と稲荷山《いなりやま》の確保を争い、官軍が占領に成功した。篠原・別府の正面軍は高瀬を占領したが、弾薬が尽きて後退、村田軍が菊池川を舟で渡って羽根木《はねき》の薩軍と連携して高瀬の奪還をめざしたが、ここで西郷隆盛の弟西郷小兵衛が戦死、多くの損害を出して日没ごろには退却した。佐々友房は、薩の兵士七、八人が外套で被われた「一死屍」を運んでくるのに出くわした。それは誰かと尋ねたところ、「西郷小平君ノ遺骸ナリ。高瀬川辺ニ戦死セリト」(『戦袍日記』)の返答だったという。佐々は、「聞ク者痛惜セサルモノナシ」と書いている。

官軍は、この薩軍を追撃するとき、山口村に一戸、木葉村に一戸、火をつけた。二俣村は、滞陣した一五〇名ばかりの薩軍に、米三俵を握り飯にして差し出させられ、翌二八日には、さらに二五俵の米を要求され、那智村水車小屋に運び込んでいる。人夫の請求にも抗しきれず、三月三日までに都合一五〇名ばかりを出したと記録は伝えている。

白木《しらき》村・上白木村には薩軍が滞陣することはなかったが、白木村は草鞋三五〇足を要求され木留村の本陣に届けている。上白木村は、原倉《はらくら》村の薩軍の脅迫をうけて、米三俵を握り飯にして差し出している。記録は、これら薩軍への人夫・諸品の提供には、いずれも「賃金ナシ」「代金不請取」と記されている。

三月一日、薩軍七百有余名が大砲四門をひいて木葉町に入り、陣を張り、三ヵ所に台場を築いた。三月三日、その台場に向かって官軍が進撃、稲佐《いなさ》村に一斉に火をかけた。火はみるみるうちに六〇戸の民家を焼いた。そして、激戦につぐ激戦、ついに薩軍は諸塁ことごとく破壊され、大砲・小銃を捨てて植木に敗走した。「戦死負傷其数ヲ不知《しらず》」「薩賊脅迫ニヨリ二月二六日ヨリ兵隊出者三人内一人ハ戦死ス」と用掛井上平七《いのうえへいしち》は書きのこしている。

この、二月二六日から三月三日までの戦争で、二俣村・原倉村・木葉町・山口村・稲佐村の五ヵ村で、焼失した家屋は一三八戸、焼け出された人は六三七人におよんだ。ほかに小屋一二二軒、蔵二軒、物置六軒、酒造倉三軒、小学校一校におよんでいる。とくに原倉村と稲佐村の被害は甚大であった。春まだ浅く、ときには雪までちらつく寒空に、多くの人々が家を失ったのである。

三月一五日、第七大区五小区の、木葉・山口・稲佐のほか、安楽寺村（一二戸焼失、人員一〇二人）・津留村（三軒、一一人）の五ヵ村の被害民四二七人に対して、男女とも一日米二合五勺、一五日分の計算で、あわせて一六石一升二合五勺が「一時救助米」として渡された。おそらく四小区でも同じ措置がとられたものと思われる。

これに先だって、五小区戸長の坂本淳蔵は「焼失家族仮小屋用竹木拝領願」を県に提出して、「一時雨露ヲ凌《しの》ク丈《だけ》之小屋懸用材」の御下げ渡しを願い出ていたが、三月一五日

「特別ノ詮議ヲ以」て、「一家族梁框《はりかまち》等雑木二尺以下、凡《およそ》拾三本ノ目的ヲ以、竹数モ可成《なるべく》省減シ、正副戸長ノ内立会木竹引渡」として、官山・官藪から竹木を伐採することを認可された。

とはいえ、この村に村民がすぐ戻ってこられたのではない。木葉町には、県出張所が設けられ、軍団本営が置かれ、病院がつくられた。軍隊が駐屯するのはもちろん、福岡や山口、そして熊本県各地から集められた軍夫も多く滞在した。戦い終え、疲れ切って戻る兵士、死者・病者を担ぎ込む姿も日常的であった。ここは全く基地の町になった。ここを基地に、官薩両軍のほとんど雌雄を決したといってよい田原坂の戦争が展開されるのである。

田原坂の激闘

田原坂は、植木と高瀬のほぼ中間に位置する標高およそ八〇メートルの丘である。熊本から高瀬には、金峰山《きんぽうさん》の、あの夏目漱石《なつめそうせき》の『草枕《くさまくら》』の「峠《とうげ》の茶屋」の峠を越えて河内《かわち》に出て、有明海《ありあけかい》沿いを北上するか、急峻な吉次峠《きちじとうげ》を越えるか、この田原坂を越えるか、三つに一つしかない。しかも、砲隊が通れるのは、この田原坂だけである。いま、我々がこの舗装された峠を越えるのは何の苦もないが、大砲の車を押し上げるのは容易ではない。しかも、赤土であり、雨に濡れるとズルズル滑るのである。

田原坂ノ地タルヤ外昂《たか》ク内低ク、恰《あたか》モ凹字形ヲ成シ、坂勢峻急加ルニ一陟《ちょく》一降ノ曲折ヲ以テシ、坂ノ左右ハ断崖峭壁ニシテ茂樹灌木之ヲ蔽《おお》ヒ鬱蒼《うつそう》トシテ昼昏《くら》ク、詢《まこと》ニ天険《てんけん》ト為ス。賊堡塁ヲ其要衝ニ築キ、碁布星羅《きふせいら》互ニ掎角《きかく》ノ勢ヲ成シ、死ヲ以テ之ヲ扼《やく》ス。

と、『征西戦記稿』は表現している。二月二七日の戦闘の後、薩軍はここに防御陣地をつくったのである。もちろん吉次にも防塁を築いた。この田原・吉次に集まった薩軍は一万から一万二千余人といわれる。三月四日午前六時、官軍の第一旅団の本隊は、北から進んで坂下の薩軍の塁を陥れ、ただちに坂を登ろうとして、薩軍の大反撃にあった。「薩軍高きに在りて低に臨み、猛射急霰《きゆうさん》の如く、官軍進むものは、必ず傷き、退くものは必ず殪《たお》れ、復《ま》た一人の完膚《かんぷ》あるものなかりき」（『西南記伝』中巻一）といった具合で、熾烈を極めた。午後三時「猛雷一撃、大雨盆を覆すが如」（同前）く、この中を官軍一斉に攻撃するも「薩軍益《ますま》す火力を熾《さかん》にし、之に向ふもの皆斃《たお》れざるはなし」（同前）と、官軍は先へは進めない。ほとんど同じころ、吉次の薩軍も、官軍に手痛い打撃を与えていた。勢いに乗じて、村田隊と篠原隊は野津大佐率いる官軍を挟撃せんとして、村田隊は半高山《はんだかやま》から駆け下りて攻撃する、篠原は自ら隊を陣頭指揮して三嶽《さんのたけ》中腹から原倉に進撃、ここで篠原は狙撃され死んだ。戦闘はつづき、官軍は大敗した。翌五日、官軍は二俣の薩軍を攻めた

図20　七本の柿木台場
熊本隊が守った.（古写真，熊本城顕彰会所蔵）

が、犠牲ばかり多く、目的は果たせなかった。

このような状態が幾日もつづいた。激しい戦闘つづきで、薩軍は弾薬の不足を、官軍の弾薬を拾って鋳なおし、また鉛の代わりに鉄さえも弾丸にしたという。先籠め銃という旧式の銃の力を補うために抜刀隊を組織し、雨の中を駆けめぐった。

官軍は、狙撃の上手な兵士を三五名選んで別動狙撃隊をつくり、また三月一三日には新しく到着した警視隊巡査三〇〇名のうちから一〇〇名を選んで抜刀隊を組織した。

こうして、翌三月一四日に戦局は動

いた。

抜刀隊ハ三隊ニ分レ、左右中央ヨリ突進シ敵塁ヲ抜ケハ、戦列隊進ミテ之ニ拠ル。……賊ハ其ノ不意ニ出テタルヲ以テ狼狽シ守ル所ノ塁ヲ棄テテ走ラントスルノ色アリ。我カ兵砲撃ヲ止メ、銃剣ヲ装シ吶喊《とっかん》シテ之ヲ追撃ス。而《しか》シテ巡査ハ刀ヲ揮フテ隊兵ト倶《とも》ニ並ヒ進ミテ之ヲ追撃シ、遂ニ賊塁三所ヲ略ス。死屍ヲ棄テテ走リ、或ハ田原坂ノ守兵ニ合シ、或ハ坂道凹路ニ潜ミテ我ヲ射撃シ、勢甚タ猛烈ナリ。

（河口武定『従征日記』）

また、佐々『戦袍日記』は、

細雨霏微《ひび》道路泥濘《でいねい》戦袍《せんぽう》悉《ことごと》ク汚ル、行テ轟村《とどろきむら》ニ抵《いた》レバ、硝烟空ニ漲《みなぎ》リ、天色為ニ暗ク、礮銃《ほうじゅう》ノ響吶喊《とっかん》ノ声ト相和シ、山岳為ニ震動ス。幾群ノ死傷者、戦地ヨリ熊本ニ送致セラルルモノ、或ハ扶持《ふち》セラレ、或ハ負載《ふさい》セラレ、続々隊ヲ成シ来ル、到ル処血痕班《はん》爛《らん》トシテ路上ニ満チ腥風粛颯《せいふうしゅくそう》トシテ地ヲ倦ク、其惨状殆ト名状ス可ラス。

と述べる。『西南記伝』は、この日の戦闘を、「開戦以来、唯一の激戦」であったと評価している。官軍の死傷した将校は一九名（うち警視隊四名）、下士卒三〇三名、失踪二人を出したと記している。

こうして、連日の激戦につぐ激戦にもかかわらず、官軍は田原坂を越えられない。この間、三浦少将の第三旅団、大山少将の第四旅団が加わり、かつ軍備の優位が、官軍勝利への展望を切り開き始めていた。三月二〇日、官軍はついに田原の堅塁を奪い、四月一日には、半高山についで吉次の熊本隊の陣地を陥れ、「地獄峠」と恐れられていた吉次峠を占領したのである。

別動軍の編制

官軍の南下が田原坂でさえぎられているなか、別軍を組織して八代《やつしろ》を占領し、熊本と鹿児島との連絡を断つべしとの献策がいれられ、三月一八日、高島鞆之助《たかしまとものすけ》大佐は、一個大隊半をもって別動軍を編制し、それに巡査七〇〇名を加えて軍艦春日《かすが》に載せ長崎港を出発、途中で鳳翔《ほうしょう》・孟春《もうしゅん》二艦をあわせて、翌三月一九日艦砲射撃で首尾の薩軍を退けつつ日奈久《ひなぐ》沖に上陸した。そして、その日のうちに八代を占領した。

一日遅れで長崎を出発した黒田清隆参軍は、警視隊四九〇名を率いて、宇土の郡ノ浦《こうのうら》に上陸するという当初の方針を変更して、高島のあとを追って日奈久に上陸、すぐさま八代に入った。ここで、山田顕義《やまだあきよし》少将率いる別動第二旅団、陸軍少将・大警視川路利良《かわじとしよし》率いる別動第三旅団を待ち、合流したところで二五日、旅団の再編制（高島大佐の軍を別動第二旅団、山田少将の隊を別働第三旅団――教導団のなかから選抜した下士三〇〇名、東京鎮台のなかから選抜した狙撃兵九〇〇を属させる――、川路少将の隊を別動第四旅団）をして、翌二六日鹿児島街道を北上、小川攻撃を行った。ついで、松橋（三月二八日）・宇土（四月一日）へと進軍し、黒田参軍は、四月四日には本営を宇土に移すと、翌日には黒川通軌大佐が歩兵二大隊小隊を率いて宇土網田《おうだ》から上陸した。

薩軍の八代急襲

一方、薩軍は、態勢建て直しのために、鹿児島からいわば強制的に募兵を行った。とくに辺見十郎太の募兵は容赦なかったといわれる。蒲生郷（現、始良《あいら》郡蒲生町）はかつて辺見が区長を勤めていたところであるが、彼は、数え年一五歳から六〇歳までの男には強制的に出陣させたという。「従軍を拒む者に暴威を以て迫り、もし応じなければ斬殺し、妻子にも危害を加えると脅迫したので、殆《ほとん》どの郷士たちはその威力に屈していやいやながら出陣した。蒲生の有力郷士赤塚源太郎を大隊長に本司猛次郎らその数およそ四百人、三月末頃と思われるが、これを二番立ちという」と渡辺正は述べている（渡辺「ほたる橋―ある蒲生郷士の西南戦争―」『敬天愛人』一七号）。一八歳で従軍した蒲生郷士の瀬之口誠は次のように言う。辺見らを「賊将」とあえて呼んでいるが、賊将らは、新兵を頻《しき》りに募集し、若《も》し応ぜざる者は斬殺し、応ずる者は直ちに隊伍を組み整々《ママ》堂々として戦場へ向かわしむ。尚、当時八幡神社境内に留置場を建築して、之に戦地先より脱兵して追々逃げ帰る者の親兄弟を捕縛して監倉に留置し、是らの監守は戸長役場より厳密なる取締りを成して居れり。（瀬之口「一代記録」同上）

と書きのこしている。こうして集めた兵二〇〇〇名を鼓舞して、八代を襲い、官軍の背後を攻撃しようというのである。桐野利秋は、この作戦の嚮導を協同隊参謀長宮崎八郎に託したのである。八郎は、それを快諾して大口に向かい、そこで別府晋介・辺見十郎太の軍一五〇〇名と会い、人吉から八代に出て官軍と交戦し、四月六日球磨《くま》川を挟んで両軍は激闘を繰り返したが、八代は抜くことができず、結局退却、その戦いで宮崎八郎は萩原堤で倒れるのである。

官軍、熊本城に入城

三月三一日の熊本城内の貯蔵米調査によれば、精米三一三石七斗一升、餅米九石九斗三升、粟四三石、あわせて三六六石六斗四升で、一日の消費高を二〇石と概算して、粟米を混用して向こうおよそ一八日間、すなわち四月一七日までの食用に供する見込であると判断した。そこで、四月六日からは各隊一般に粟飯を用いることとした（『熊本鎮台会計部従征中日誌』）。

城兵は、籠城以来幾度も城外に出て、糧食を買い集めてきた。たとえば、二月二七日には、城北の京町会津屋から酒数十樽を手に入れ、翌二八日には山崎町辺りまで兵を出して米二七俵を得、次の日（三月一日）には坪井地方から精米三二苞、洗馬・山崎辺りから精米三二俵、また二日には同じく精米八七俵を坪井・山崎辺りから手に入れている。また、県庁の備蓄の米四二俵も城兵の食料に充当された。三月六日には、さきの会津屋の倉庫にあった粟九六苞を手に入れている。四月一日の調査の後も、四月五日に山崎地方から精米二五俵を調達している。このようにして、米・粟・小麦・大麦・大豆・唐芋（薩摩芋）・醤油・味噌・油、あるいは大根の切り干しなど、また薪などを、城下の焼け残りの地から手に入れてきたのである。また、馬肉・馬骨なども食用に供したが、それらは、城内の病院に送られ、多くは患者のために供されたようである。もっとも、特別の場合もあった。四月七日、歩兵一三連隊は京町進撃に功があったということで、「馬肉三疋分、餅一名ニ一個宛」供されている。

翌八日、城兵二大隊は城を出て、薩軍の包囲を突いて、一大隊は川尻にいたり、衝背軍と連絡を取ることに成功し、一大隊は九品寺村で七〇〇俵余の米を手に入れている。

そして、四月一四日、およそ一ヵ月前の戦闘で負傷し入院中であった喜多平四郎は、病院の縁先から衝背軍《しょうはいぐん》が城下に迫るのを感激して見ていた。その日は、衝背軍は小島《おしま》・高橋あたりに屯営、そして、ついに四月一五日、衝背軍の主力の熊本城入城となるのである。

山鹿の自治政

山鹿の戦闘

二月二二日、乃木希典の小倉第一四連隊の本隊が高瀬に向かって進軍するのとは別に、その津下弘少佐率いる第一大隊右半隊三〇〇名が、山鹿《やまが》に入った。そして、二四日の夕方、薩軍の襲来に備えて、山鹿北方の津留《つる》正円寺《しょうえんじ》に本拠を構えた。翌二五日、東京・大阪・名古屋・広島の各鎮台兵からなる第一旅団・第二旅団が到着して合流した。いっぽう、二月二四日（二五日だとする史料もある）協同隊が、薩軍の四番大隊長桐野利秋の二六〇〇名の兵とともに、官軍が退出したあとの山鹿に到着した。

そして、二六日、再び山鹿に入ろうとする野津鎮雄《のづしずお》旅団長率いる官軍と薩軍・協同隊が山鹿の西、鍋田《なべた》を舞台に戦闘を開始した。これが第一次山鹿戦闘（鍋田の戦い）と呼ばれるものである。このとき戦闘は薩軍に有利に展開して、官軍は南関方面に退却した。ついで三月三日、南関攻撃に向かう薩軍を官軍が阻止せんとして、再び永野原から腹切坂・平山付近で戦争（第二次山鹿戦闘）が行われ、薩軍優勢のうちに終わったが、このとき協同隊隊長平山惟一が戦死し、協同隊は後退して鍋田の要害を守ることになった。その一週間後の三月一〇日、三浦梧楼が三個大隊を率いて官軍に合流、官軍はおよそ四〇〇〇の大部隊となった。そして、二日後の三月一二日、鍋田付近で第三次山鹿戦闘が開始される。さらに、一五日の第四次山鹿戦闘をへて、二〇日、田原坂の薩軍が陥落する。山鹿の薩軍も、田原坂の救援に多くは出向いていたが、二一日、山鹿を退き来民《くたみ》から隈府《わいふ》に向かった（『山鹿市史』下巻、一九八五年）。

図21　協同隊幹部
（熊本城顕彰会所蔵）

山鹿に自治政

宮崎八郎の末弟である宮崎滔天《とうてん》は、協同隊が「人民の歓迎」をうけて山鹿に入ったと述べた後で、「彼らは同時に一大紀念(記)を此地に残せり」として次のように述べる。

民政を敷きたる事是なり、乃《すなわ》ち野満長太郎を民政官に任じ、その年来の主張たる自由民権の旨趣に基き、人民を集めて自治政の要旨を説明し、普通選挙法を以て、人民総代なるものを選ばしむ。選に当たるもの大森総(惣)作以下数人、乃ち野満長太郎之を監督して自治の政を行ふ。蓋《けだ》し我国未曾有の事なるなりを知るべし、彼等が主義に忠なりし事を。

（宮崎「熊本協同隊」『熊本評論』に連載）

『西南記伝』下巻二の「渕上幾《ふちがみちかし》」の項には、協同隊長宮崎八郎は、はじめこの渕上を人民総代の「監督」にしたいと考えたが、渕上が「我輩黄口《こうこう》の徒、焉《いずく》んぞ之に当るを得ん」と、嘴《くちばし》の黄色い自分にはできないとして野満長太郎を推薦したので、野満にしたという。

ところで、この人民総代の選挙はいつ行われたのだろうか。県は、西南戦争後、県下各村の村役人や士族に対して、戦争中の動静、賊軍のための行為、官軍に如何に協力したのか等について、報告書を提出させている。戦争の実態を示すきわめて貴重な記録であるが、第六大区八小区副区長の小倉尚が一一月一八日付で提出した「履歴書」中に、

同月（三月）十二日、当区方保田《かとうだ》村士族井上太郎七・同区蒲生《かもう》村平民立山隆次両名ヨリ人民ヲ方保田村専立寺《せんりゅうじ》エ呼寄、区内各村惣代人相立テ候様、協同隊ヨリ依頼之趣

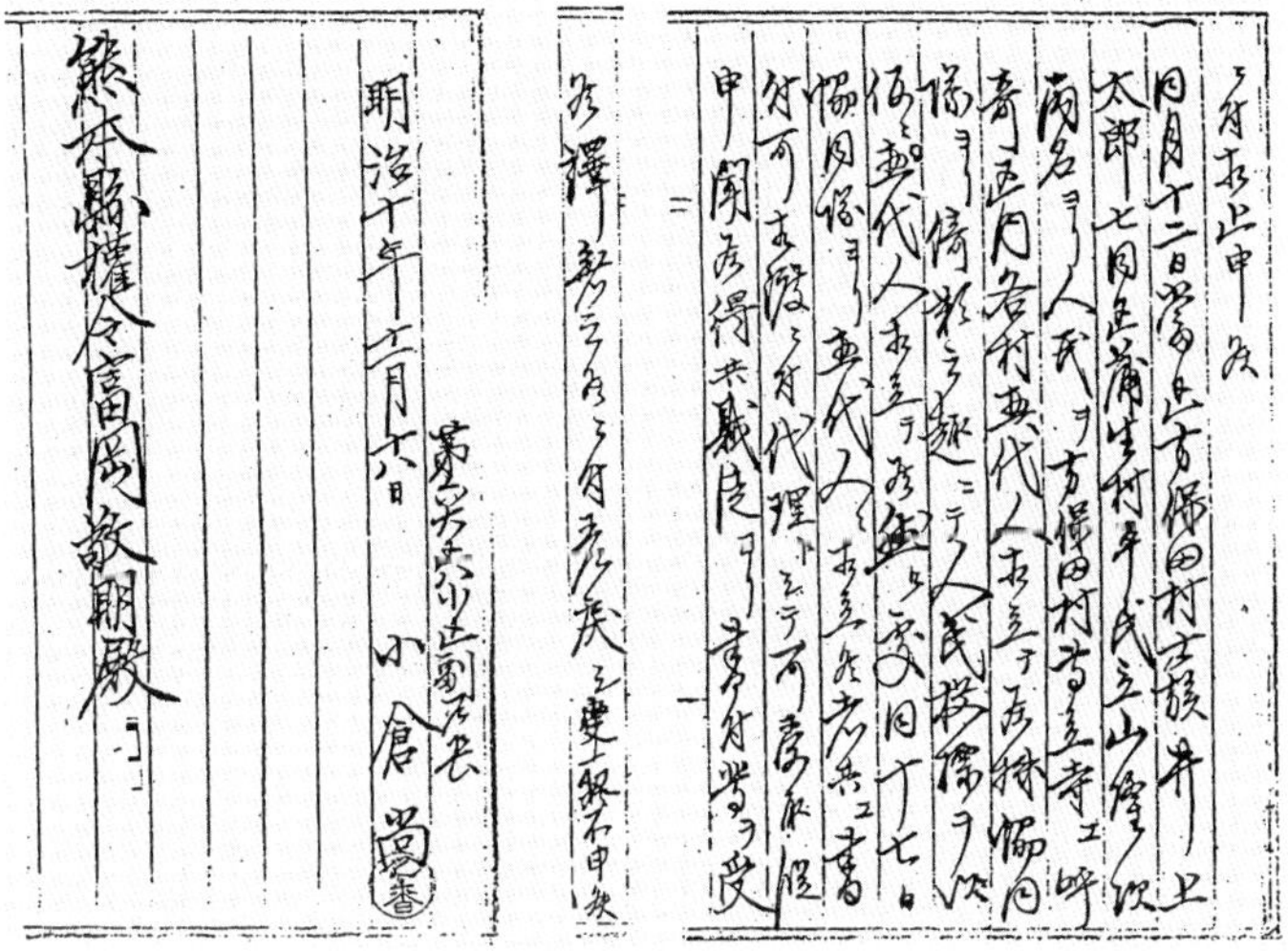
明治十年十二月十六日

第六大区一小区副戸長　小倉　当

熊本県権令富岡敬明殿

図22　履　歴　書

ニテ、人民投標ヲ以《もって》仮ニ惣代人
相立候。
とあり、三月一二日に方保田村では人民集会が行われて惣代が選ばれていることがわかる。この日は、第三次山鹿戦闘の行われた日であるが、山鹿町内では、このように人民が集会を開くことが行われていたのである。もっとも、この小倉はつづけて「然ル処、同一七日協同隊ヨリ惣代人ニ相立候者共エ書付可相渡ニ付代理トシテ可受取段申聞候得共、賊徒ヨリ書付等ヲ受候訳無之候ニ付差戻シ受取不申候」と、書付（辞令書）は受け取らなかったと弁明する。六大区一一小区の富《とみ》田《た》治之《はるゆき》は、

「三月十六日、賊ヨリ辞令渡サレ、辞スト雖《いえ》トモ聞カス、依而《よりて》一旦受取、同十九日用掛エ差出シ、自首候事」と書き、六大区一二小区用掛の原田休次《はらだきゅうじ》と中原甚蔵《なかはらじんぞう》は、「賊ノ脅迫ニヨリ、辞令書ヲ受ク」（西南の役山鹿口戦蹟顕彰会『西南の役山鹿口資料集』第二輯、二〇〇五年）と書いている。

この辞令について、官軍の第一旅団会計部長川口武定が遺した『従西日記』（一八七八年に陸軍少将野津鎮雄《のづしずお》の序を得て刊行。一九七八年熊本市教育委員会が縮刷して復刻）は、その三月二一日の項に次のように書いている。すなわち、協同隊を「人民保護ヲ旨トナシ、賊中ニ入リテ周旋スト。皆民権主義ノ党ナリ」と紹介して、「該隊《がいたい》ハ土着ノ県士及ヒ土民中怜悧《れいり》ナル者ヲ撰《えら》ミ、強《し》ヒテ」辞令を授けたが、「徐々其ノ兇威《きょうい》ニ慴《おそ》レテ之ヲ受クル者アリ、或ハ逃避スル者アリ」という。先の履歴の伝えていることを裏書きしている。そして、さらに辞令には「第何大区何小区人民保護兵ニ相定候事」、「第何大区何小区総代（副総代）（総代属）ニ相定候事」と二種類存在していること、また「総代トハ区長ノ職掌ニシテ、副総代ハ之カ副タリ、総代属ハ一村二三名アリテ、村用掛ノ如シ。而シテ総代・副総代ハ多クハ之ヲ士族ニ命スト」と説明している。

これらを総合すれば、三月一一・一二日ごろの人民集会で選挙が実施され、一六・一七日ごろに協同隊（鹿児島本営代理熊本協同隊と表現している）から辞令が出されたとみてよいだろう。そして、協同隊が山鹿を離れた三月二一日に、その自治政は解体したとみてよいだろう（川口武定が記録した日がこの二一日だからあるいは、その後もしばらく自治政は維持された可能性がある）。およそ一〇日余の命ではあったが、「時に長太郎、郷人にして民望のある大森惣作を以て、人民総代と為し、糧食の購入、人夫の徴発、病院の選定等、専ら之と妥協して之を行ひ、人民をして、一点怨嗟《えんさ》の声なからしめたり」と滔天が言うように、戦時下、薩軍や協同隊の後方支援を行う行政府として、現実に機能したものと考えられる。

一八八四年（明治一七）の秩父事件において、蜂起した自由党や困民党の民衆は大宮郷を制圧して三日間の自治をしいたが、近代日本において、山鹿における自治政のような一〇日余におよぶ自治をしいた例は見あたらない。これは、この戦争に先立って、この山鹿や隣の植木町が民権運動の中心地として、民権家が民衆運動（区戸長公選運動など）を指導していた地域であったからである。

薩軍、敗走

人吉を本拠に

田原坂の激闘に敗れ、熊本城開城の後、薩軍は四月一五日から二〇日の間御船《みふね》で戦い、また一七日には籠城も解け進出してきた鎮台兵と健軍・保田窪で、ついで二一日には木山《きやま》で戦争をした。いずれの戦いでも、薩軍は苦戦を強いられ、西郷を伴い矢部《やべ》に退却した。池辺以下の熊本隊も矢部に集結した。薩軍は、ここで隊を再編制した。再び熊本を攻撃して再起を図るべきだとの意見もあったが、軍議は、人吉を本拠と定め、薩摩・日向・大隅の三州に勢力を張って再挙することに決めたのである。

こうして、四月末には、薩軍も熊本隊も人吉に入った。三月初めに人吉隊を結成して薩軍に投じ、田原・吉次で戦い、また御船へと転戦した人吉の士族連も、隊長神瀬《こうのせ》鹿三を失いながら、郷里に戻り、新たに隊伍を組んだ。

官軍は、新たに徴兵し、かつ北海道の屯田兵《とんでんへい》をも補充して、敗走あるいは再挙する薩軍に対処し、五月半ごろから人吉をめざして進軍した。そして、五月二九日から激戦が始まった。薩軍は人吉城に拠り、橋を焼き、本丸から絶えず大砲を撃った。砲弾は市街各所に落ちた。また、薩軍が南町の民家に放った火は、南町一帯を烏有《うゆう》に帰し、藍田《あいだ》村にまで及んだ。五月三〇日、官軍は人吉に突入、六月一日には人吉を占領したが、「市街は殆んど焼失せ、町民は遠く避難し、明滅した暗黒の人吉は、陰気夜雨に哭《な》く廃墟の町」（西倉基『球磨史伝　西南戦役秘帖』一九三二年）に変わってしまっていたという。

西郷は、その三日前には宮崎に脱出していた。西郷は、開戦以来全く指揮を執ることもせず、激戦の後で、愛犬とともに狩りをするなどしていたが、ここでもさっさと逃げ出しているのである。桐野利秋も同様宮崎に移動していた。

長井村の崩壊

その後、薩軍は都城で敗北、西郷は、七月二九日、延岡に秘かに脱出する。官軍は宮崎を陥して、佐土原《さどわら》・高鍋へと軍を進めた。高鍋には、桐野や辺見十郎太らの率いる薩軍、池辺吉十郎らの熊本隊、有馬源内・野満長太郎らの率いる協同隊がいたが、八月二日未明からの官軍の攻撃の前に、あっけなく崩壊、美々津《みみつ》に後

図23　薩軍病院跡（上田明倫所蔵，『西南戦争　戦袍日記写真集』より）

退、ついで延岡に逃げた。八月一四日、官軍はその延岡に総攻撃をかけた。薩軍は、またまた逃げた。延岡の北二里のところにある長井村にである。高鍋で負傷した佐々友房もその中にいた。この長井村には、薩軍の大本営がおかれ、弾丸製造所や病院もあった。

ここで、八月一七日最後の激戦が展開された。西郷が、はじめて指揮をとった。おそらく死ぬつもりであったのだろう。西郷は和田《わだ》越えの頂上から指令を出した。薩軍の方から仕掛けたのである。戦線はこの和田越え、長井山《ながいやま》・長尾山《ながおやま》・稲葉崎《いなばざき》・無鹿方面と丘陵地帯一帯で展開された。薩軍は次第に長井村内に押し込められつつあった。

八月一七日、飫肥《おび》隊六〇〇名が別動第二旅団に投降、熊本隊も熊本鎮台に降伏し、協同隊もつづいた。協同隊が、降伏に際して官軍出張長官に提出した陳述書は、「大義信ずる所ありて」官兵に抗したが、食も矢も尽きた、なお刀槍をもって戦うこともできるが、「互に無益の死傷」は望むところではない。虜となって我らの心懐を述べよう、という。

長井村で西郷は、薩軍の残兵の中から、精兵を選んだ。その数四〇〇とも六〇〇ともいう。これを突囲《とつい》隊と呼ぶが、一八日午前〇時突破を決行した。可愛嶽《えのだけ》の突破に成功し、大《おお》台場山《だいばやま》からその日の夕刻地獄谷《じごくだに》に着し、そこで露営。以来、一〇〇里余の険しい道をたどりたどり、戦闘を繰り返し、九月一日、ようやく鹿児島に入った。前々日の横川《よこがわ》の戦いは熾烈《しれつ》で、官薩ともに多くの死傷者を出した。鹿児島に突入したときの薩軍の数は三七二名で、そのうち銃器をもっているものは一五〇名内外であったという（山下郁夫『研究　西南戦争』三一書房、一九七七年）。しかし、鹿児島はすでに官軍の支配するところであり、西郷たちは城山に籠もり、結局九月二四日、西郷自身が自刃して、二月一五日に始まった西南戦争は終結するのである。

官軍における軍夫

軍夫募集

最初の人夫規則

戦争は、直接武器を持って戦う戦闘員（軍人）のみによって遂行されるものではない。軍費の予算化・調達、徴兵等に責任を負う文官はもちろん、軍の後方にあって糧食等軍需品の補給などを受けもつ兵站《へいたん》にかかわる人たち、武器の生産・開発を行う諸機関とそれに携わる人たちが、この戦争遂行に大きな役割をもっていることはいうまでもない。また、この戦争に理解を示す世論も、戦争遂行の大きな要素であろう。

しかし、戦場とそれに直結する地域において、軍隊の移動あるいは探索などの諸活動にかかわって直接行動をともにする軍夫《ぐんぷ》・人夫こそ、もっとも生々しく戦争にかかわらせられ、その存在なくしては一日も戦争を維持し得ない重要な要素であった。西南戦争という長期の戦争は、民衆にさまざまな形で犠牲を強いたが、その犠牲の形態の中で、軍夫は特筆すべき存在であった。

さて、軍夫という言葉が初めて使われるのは、後述するように、三月一七日のことであり、それまでは車夫《しゃふ》・人足《にんそく》・人夫《にんぷ》と表現されている。その車夫・人足等についての最初の規則は、二月二八日制定の「諸品運搬ノ規則」（全一一条、『征西戦記稿』巻六五）である。それは、その二日前の二六日に軍団輜重《しちょう》本部（軍団輜重部長は土屋可成、輜重指令は飛鳥井雅古少佐、輜重指令心得は内田正義大尉）が博多に開設され、車馬・役夫等による諸品運搬の必要に迫られたことによるものである。

この「諸品運搬ノ規則」は、きわめて不充分な出来ではあるが、軍夫雇用の基本的システムを規定している。要点のみをあげれば、①車両・車夫・人足等の調達や分配、そして賃金の支払いは県庁が行う。②車両・車夫・人足等の確保については、輜重本部あるいは希望する隊が前夜の内に県庁に照会する必要がある。③県庁は、請負人を通じて、必要な車両・人足などを調達し、また急用に応じるために、「強壮人夫若干名及ヒ宰領数人ヲ撰択」して、足留めをさせておく。④当日県官が車両・車夫・人足等を輜重部に、引渡券を添えて引き渡す。輜重部は、その引渡券に来着の時間を記入して保管する、の諸点に整理できるだろう。

初期の人夫の賃銭

ここで、車夫・人足等の賃銭については、その額についても輜重部ではなく県庁が決定し、給付するとあるが、その賃銭を受け取るのが車夫・人足等の個々人なのか請負人なのかが不明確である。つまり、輜重部は甲・乙二葉の切符をつくって、ともにそれを請負人に渡す。請負人は、乙号切符は自らの手許に残すが甲号切符は車夫・人足に渡す。その渡し方については、その車夫・人足が近傍で使役される場合には「運輸或ハ使役ノ終ル後」に、「遠地ニ行ク者」については、「物品積車既ニ整ヒ、発足ニ際シ」て付与するようにと定めている。この場合、県庁から賃金を支払われるための証書が、甲号切符であるのか乙号切符であるのかが明確ではないのである。第一〇条に、「支給ノ方法等予《あらかじ》メ県官ニ協議ヲ遂ケ決約シ置クヘシ」とあり、それには、「例エハ別紙甲乙其他用ル所ノ雛形及ヒ長次官並ニ主任ノ印鑑等ヲ予メ回し置キ、其手続ヲ定メ置クノ類」との注記がなされているが、やはり甲か乙かについては明確ではない。

事務の繁雑さからいえば、請負人が乙号切符をもって全額を受け取ることの方が現実的であり、事実そうであったとすれば、受取人による中間搾取が行われたであろうことは容

表2　人馬掛雇並小使人夫等の賃銭（3月6日）

	賃　銭	備　　考
	円 銭	
人馬方雇出使	1.50	
同　小差	1.00	但，戦地エ趣キ候節ハ2円
十戸長人足才料	.75	
諸品買入焚出米買入賭方等出仕之者	1.00	
懸（掛）留金	.30	但，1昼夜
鍋田村・岩村・平山村	1.00	但，夜或ハ雨ハ2割増，夜雨ノ節ハ3割増
川床村・板楠村	.75	〃
肥猪村・和仁村	.60	〃
久留米	2.00	〃
木ノ葉	2.00	〃
高瀬・山鹿	1.50	〃
戦地行並滞陣	1.50	但，1昼夜
仮県庁並買入方焚出方小使	.35	
人馬掛小使	.50	
区戸長詰所走り夫	.50	

（注）熊本県政資料7-34より作成

易に想像されるところである。

さて、賃銭については、足留め賃銭も支払われるとの規定があるが、重要なことは、県庁によって支払われた賃銭は、その受取明細書をもとに、軍団会計部が精算する、すなわち県庁に還付されると規定されていることである。つまり、賃銭は一旦県庁が立て替えを行い、軍団会計部がそれを精算するということである。

しかし、ここに問題がある。必要とされているのは平時での人夫・人足ではなく、戦時下でのそれである。如何なる事態が起きるか想定できないし、戦場あるいはその近くで急遽人夫が必要となる、このような事態に上記の「諸品運搬ノ規則」は対応できるのかというこことである。その人夫等が熊本の場合、県庁は幾度もその居を変え、その機能の相当の部分を喪失している、そのようなとき、車夫・人足等に関する業務を遂行できるかということである。

三月六日、熊本県第八大区六小区の玉名郡の富田又太郎区長・津留戸長・浦部謙次郎戸長は連印して「人馬掛雇並小使・人夫等賃金」についての届（熊本県政資料「公文類纂」七―三四）を提出している。

これには、最後に「右之通協議之上見込相立候間不闔《のこらず》上申候也」と書いているところから見て、村段階での協議の結果を上申しているもので、このまま承認されたのかどうか不明であるが、人夫・人足等を出す側が自ら賃銭等についての規則を作っていることは注目に値しよう。それだけ、軍の側がせっぱ詰まって軍夫を必要としていることへの、村側の対応である。

人夫賃銭の改定

三月九日に、人夫・人足等の日給は次のように改定された。『征西戦記稿』は、改定というが、改定前のものは不明である。ともかくその内容は次のようである。

一　平夫十人ヲ引率スル小頭《こがしら》　日給金壱円

一　同二十人ヲ引率スル小頭　日給金壱円五拾銭

一　同三十人ヲ引率スル小頭　日給金弐円

　　但、五十人長及ヒ百人長ヲ置クハ各地ノ適宜ニシテ日給モ亦然《またしか》リ。

一　平夫一人　　同　金七拾五銭

一　戦地ニ臨ムトキハ増給壱人五拾銭ヲ給与ス。

「五十人長」あるいは「百人長」等という表現はこのときが最初であると思われるが、人夫・人足等の使役が事実どんどん進められていく過程で、その統率の必要上、小グループ編制が考えられ、その長＝小頭の賃銭についても考慮せざるを得なくなったのである。

ところが、この改定規則も、すぐに修正が必要になる。この改定の翌々一一日、福岡県から六〇〇人、兵庫県から七五人、一四日には福岡県から四〇〇人、山口から一一〇〇人の人夫等が、田原坂攻撃の前進基地たる木葉町に送られてきた。この人夫等の使役の経験から、最後の条項、すなわち戦地に臨むときの増給についての規定が、このままでは不都合であると考えられたのである。

さらに三月一七日、軍団輜重司令部は、出張県官に対して、あらかじめ戦地に赴く者とそうでない者とを区別しても、現地ではどのような事態が発生するか予測がつかない、その結果不公平が生じることがあろう、だから、このような増給規定は廃止し、「戦地ニ臨ム人夫ハ二俣塚本ノ当部出張所ニ於テ其人員ヲ検査シ其区別ヲナシ、真ノ戦場ニ入込ムモノヘハ一回ニ付拾銭ノ切符ヲ与フ」が、半日あるいは一日中戦場に居た者については、状況に応じて切符を三枚とか五枚多く渡し、また抜群の働きをした者には相応の考慮をするとしたのである。

この文書によると、前の改定は県庁サイドで行われたが、実際の場面に照らして、輜重部が修正を行ったとみることができる。

軍夫として募集

ところで、ここで初めて「軍夫」という言葉が登場するのであるが、この同じ日に、輜重部は軍夫募集についてより重要な決定をするのである。

> 軍夫募集方ハ軍事ノ緊要ニシテアツク注意セスンハアル可カラサル言ヲ俟《また》サル也。而《しか》シテ、出夫ノモノ或ハ約ノ日限アルヲ主張シ、無限ノ私情ヲ鳴シ、実役僅ニ三日ニシテ暇ヲ促スモノアリ。故ニ懇々《こんこん》説諭ニ及フト雖トモ、素《もと》ヨリ愚昧《ぐまい》ノ人民、敢《あえ》テ承伏セ

ス、実ニ輜重ノ大害ト言フヘシ。察スルニ此弊害《へいがい》ノ出ル所以《ゆえん》ノモノハ果シテ何所《いずく》ニアルヤ。集募定約ノ厳ナラサルヨリ出ルモノナラン。

軍夫は、すでに触れたように、「請負人」を通じて徴募される。たとえば三月一〇日から一四日までという短期間で見ても、東京府の田中某であったり、福岡県の三池某・河野三郎平・石田延・北川政太郎、あるいは荻原慎二郎であったり、兵庫県楠川町の松尾平八であったりするのだが、彼らは半ば強制的に（あるいは時に自発的に）軍夫を集めてくる、その際、使役の日限を約して徴募される。たとえば、三月一〇日に福岡県に毎日軍夫四〇〇人を木葉町に送るようにとして出された諭達《ゆたつ》は、「使役五日間ニシテ交代セシムルヲ約ス」（『征西戦記稿』巻六五）とあった。しかし、戦場に赴き、弾丸の下をくぐる恐怖をひとたび味わうと、すぐにでも逃げ帰りたくなる。なにしろ、この戦争は、彼らにとってはまさに青天の霹靂であって、官軍・薩軍のいずれに与すべきとも確信すべきものではなかった。一日も早く帰りたいというのは、あまりにも当たり前の心情であった。

軍夫募集定約案

輜重部は、しかし、これを規則が厳しくないからだとして、定約を次のように改むべしというのである。定約案は全一二条であるが、内容を要約的に示せば次のようになる。①軍夫編制は、一〇〇人を一隊とし、二〇人をもって一伍とする。隊・伍に長をおく。②一日四〇〇名の軍夫を召集発途させる。③使役日数は、「戦地ノ景況」や「交換人夫繰出ノ都合」もありあらかじめ決めない。④軍夫が戦地使役中に傷痍《しょうい》を受けた場合、「病院療養」させ扶助料を支給する。⑤百人長には日給二円五〇銭、二拾人長には一円五〇銭（拾人長には一円）、平夫には七五銭支給する。ただし、「銃丸飛来ノ地」に赴いた場合は増給する。⑥人夫到着の輜重部は移動することがある。⑦軍夫は百人長以下、身元正しいもので、名簿を作成の上官印を押したものを輜重部に提出する。⑧輜重部は名簿と現員を照合し、証券ヲ公布して、「傭人ノ証ト日給ノ金額」を明示する。⑨「交代帰郷」の時は、証券に用済の時間を記入し県官に提出して賃金を受け取る。

この文書は、福岡県官の意見を記した付箋が挟まれている草稿であるから、決定稿が別に存在していてよいのであるが、残念ながら不明である。とはいえ、この草稿が書かれた二日後の三月一九日に定められた「木葉輜重部事務取扱概則」（全二七条、『征西戦記稿』巻六五）では、たとえば、軍夫編成における基本的単位とその長である「百人長」・「二拾人長」（あるいは「拾人長」）、また「平夫」といった言葉が、別段の規定を設けることなく使われているところからみて、一七日の輜重部のこの草案は、若干の修正はうけた可能性があるが、交付・施行されたとみてよいであろう。

実際に戦争を遂行し、そのなかで軍夫を使役しながら、次第に軍夫についての規定を整備していくのであるが、三月一九日制定の「木葉輜重部事務取扱概則」は、軍夫召集についてのもっとも包括的な規定となった。

木葉輜重部事務取扱概則

まず第一条で、木葉村に置かれた輜重部が、「軍夫召集並交換分配及賃金支給等ノ事ヲ掌《つかさど》」ると、これまで県庁が行ってきた業務を輜重部が全面的に担うことを明らかにした。そして、木葉村隣接の七本村に輜重部出張所を設けて、士官下士数名を出張させて、「戦地人夫ノ督責及ヒ諸隊其他へ人夫ノ分配増給券付与等ノ事」をさせるとした。第六条では、木葉輜重部と七本村出張所との任務の分担についてふれ、七本村出張所は「専《もっぱ》ラ戦地人夫ノ督責、且ツ諸隊其他ノ需《もと》メニ応シ、人夫ノ欠乏ヲ補ヒ、戦地へ粮米《ろうまい》弾薬等ノ運搬ヲシテ支障無カラシメ、且ツ該地人夫ノ疲労スルモノハ現地ニ就テ交換ノ事ヲ行ハシム。故ニ予備ノ人夫欠乏ニ際セハ速ニ輜重司令ニ乞フヘシ」と定めている。

第五条で、百人長以下の給料および旅費等の規定がなされているが、先の一七日の草案に示された給料・旅費については「戦地隊付並七本輜重部ヨリ先へ使役スルモノ」に対するものとして、ここではさらに、「砲兵糧食及焚出場等ニ使役スルモノ」を区別して、次のように給料を定めた。

百人長　　日給金壱円五拾銭
二拾人長　同　金壱円
平夫　　　同　金五十銭

そして、旅費については「百人長以下平夫ニ至ルマテ一里ニ金五銭ヲ給スルモノ」とし、ただし「里程計算ハ召集ノ官庁或ハ召集掛官員出張所ヨリ木葉迄トシ、木葉ヨリ戦地迄及各自ノ宅ヨリ召集官庁迄ノ里程ハ算入セス」とされた。

以上から次のように要約できよう。軍夫は、請負人の手で、それぞれの属する県の県庁あるいは軍夫召集掛官員出張所に一旦集められる。この間の旅費は支払われない。軍夫は、それぞれの県庁あるいは出張所から、輜重司令部のある木葉村まで送られる。このとき県官が付き添うのかどうかは分からないが、その指示に従って木葉村まで出向くのである。この間の旅費は支払われる。この旅費支給は輜重部が行う。輜重部は、ここで諸隊に軍夫を分配し、あちこちの戦場に糧食や弾薬を運ばせるのである。軍夫の使役期間は五日を一応の交換の目途とするが、傷ついたり疲労したりする者がいる、そうしたときの軍夫交換あるいは補充は七本村出張所が行う。ただし、出張所が軍夫の予備を抱えているのではないから、必要なときには木葉村の司令部に人数を要求するということになる。その軍夫に対する賃銭も、輜重部が行うのである。

面白い史料がある。

軍役夫之賄《まかない》料《りょう》其他右ニ属スル人夫之諸入費ハ惣而《すべて》陸軍省之経費ニ相立候哉《や》御照会之趣承知候。右ハ当営ニ於テ御確答出来兼《できかね》候条、高瀬本営ニ伺ノ上、尚御答可及《おこたえにおよび》候也。

軍団副長代理

会計部平部副監督　印

三月十四日

熊本県仮庁

御中

これは、南関にある熊本県仮庁が軍団（会計部）に行った照会に対する軍団の取りあえずの回答である。このような内戦における経費がどのように支払われるのか、先述したように、熊本鎮台が、熊本城下を戦争開始に先立って焼毀《しょうき》したことに対して、熊本県と内務省が、それは戦争にかかる経費とは認めないとの批判をした。この「戦機に先《さきだ》つ焼毀」を戦争行為とみるかどうか、結局は結論を出さずに、その直後の戦争（熊本城攻防戦）との実際上の区別が付きにくいとの理由で、「戦機に先つ焼毀」はなかったことに決着したのであるが、人夫（軍夫）の賃銭支払いについても、県は不安を持っていたのである。結局は、陸軍省がすべてを負担することになった。そうした曖昧さを、この概則は取り払うことになったのである。

雇用日数

軍夫の雇用日数について、輜重部は、「予メ決定スルコト難シ」と言い、これに対して福岡県官は「使役期間ハ予メ五日間ニテ可ナランカ、万一交換人繰ノ都合ニ拠リ尚幾日ノ増加スルコトアルヘシ」と変更するよう要求していたことは先述したところである。実際に軍夫を集める側にとっては、使役期間を明示できなければそれは困難をきたすと考えられるからである。「事務取扱概則」は、第二条で、日々およそ五〇〇〇人余の軍夫の使役を見込んでいる。これまでの戦闘の経験から得た数字であろうが、同時にこれだけ大量の軍夫を調達することの困難をもまた覚悟しなければならなかった。したがって、当然雇用日数の増加がはかられる。すなわち、第三条は、「山口・福岡・熊本ノ三県下ニ於テ日々四百人（久留米百人・熊本百人・山口二百人）ヲ召集シ、実役満十五日ヨリ二十日ニ及フ者ヲシテ交換帰郷セシメントス」と、雇用日数をこれまでの三〜四倍に延長することにしたのである。

軍夫の統制

このように、雇用日数を延長すれば、脱走その他の問題が発生することが予想されるが、輜重部がこの段階でもっとも警戒していたのは、軍需品等

の窃盗、あるいは間諜が軍夫の中に紛れ込むかも知れないといったことで、「事務取扱概則」の第二〇条は、

軍夫中動作疑《うたがわ》シキモノハ速ニ之ヲ捕縛シ、糾弾ノ上口書《くちがき》ヲ添ヘ本営ニ出シ、何分ノ指揮ヲ仰クヘシ。若《も》シ窃盗者ト認定スルトキハ亦速《すみやか》ニ之ヲ縛《ばく》シ、糾弾白状スルニ及ヘハ、窃盗物品ノ品数ヲ詳記シ、之ヲ陸軍裁判所ヘ出スモノトス

と記し、第二二条で、火災や「間諜《かんちょう》ノ潜入」を防ぐため、「各夜輜重兵及ヒ巡査等ヲシテ巡回取締ヲナサシム」とし、さらに、「当市中ノ両端ニ衛兵ヲ置キ、定規ノ章ヲ附シタル軍人・軍属ノ他ハ、嘗《かつ》テ廻付《かいふ》セシ所ノ印鑑ニ照シ、若シ疑フ可《べ》キ者ト認定スルトキハ、平人ハ之ヲ警視ニ致シ、軍属ハ之ヲ本営或ハ裁判所等ニ送ルヘシ」（第二三条）、「駅外田畑中ニ予メ人夫集合所ヲ設ケ置キ、輜重部召募ノ人夫到着スルヤ直チニ該所ニ入ラシメ、徒ニ市中ヲ徘徊スルコトヲ禁ス」（第二四条）と、規定している。ここに、軍夫と軍夫以外の一般住民（民衆）との接触をできるだけ排除しようとしていることが知れるが、間諜が入り込んだり、機密が漏洩したり、あるいは物品の横流し等が行われるかも知れないことを慮《おもんぱか》っていたのではないかと思われる。

ところで、この「事務取扱概則」が出されたのと同じ三月一九日付で、次の「定約書」

が作られている。

定約書

第壱条　夫方之儀ハ兼《かね》テ夫小屋ニ揃置《そろえおき》、猥《みだり》ニ市中往来等不為致《いたさせず》、且《かつ》喧嘩口論其他不都合無之様《これなきよう》取締可致事。

第弐条　午前六時ヨリ翌午前六時迄ヲ一期ト定メ可申事。

第三条　一日之午前・午後六時毎、両度残夫取締御届可申事。

第四条　交代之儀五日以内ハ出願不申事。

第五条　出役之節壱人毎ニ木札ヲ御付与相成候ヲ戻、夫之《その》節夫員之書面ヲ添、其時ニ無滞《とどこおりなく》御届可申事。

第六条　出夫之節御申付ヲ受候時間ヨリ十分間ヲ不過取揃御引渡可申事。

第七条　夫方之者戦地及途中等ニテ逃走不致様屹度取締可申、若右等之者有之節ハ其者之（賃銭カ）返償ハ勿論、其他一切引請取揃可申事。

第八条　非役之労逸ニ依テ、別紙御定賃金（略…注）之外増金等出願不申事。

第九条　日々雇頭之中一組ヨリ一名宛御衛へ相請居可申事。

地之遠近・往返・昼夜共、御用次第御定之賃銭ニテ服役ヲ請ケ可申事。

第十条　夫方之者予《かね》テ身元並否精等取調置（不心得カ）之者無之様入念可申事。

右之条々違背候節ハ、賃銭等一切拝領願出申《もうす》間敷《まじく》、依テ確証如件《くだんのごとし》。

明治十年三月十九日

一　五十八夫長　福岡県筑後国第三大区一小区三潴郡容部村士族　諸橋　新　印

一　定雇夫八百弐拾四名　長崎県佐賀郡四十大区一小区新馬場村　御厨判十　㊞

一　定雇夫百名　熊本県第八大区九小区中林村　百人長　武下九八　印

一　定雇夫百弐拾名　熊本県第八大区九小区西吉地村　百人長　渡辺藤作　㊞

一　定雇夫三百名　熊本県第八大区十小区関町　三百人長　堀　茂吉　㊞

一　定雇百人　熊本県第八大区四小区平山村　百人長　猿渡松平　印

一　定雇夫三百五拾人　長崎県佐賀郡四十大区一小区紺屋町　飛田治吉　印

一　定雇夫六百人　福岡県筑後国三潴郡第一大区一小区大石村士族　中村英雄　㊞

一　定夫百名　熊本県第八大区五小区下坂下村　百人長　高見伝四郎　㊞

一　定夫百弐拾名　熊本県第九大区六小区貫平邑　百長　田中弥七　印

一　定夫百名　百長　森　次郎　印

一定夫弐百名　福岡県三潴郡第七大区二十一小区　弐百長　坂田平太郎　㊞
一定夫百名　福岡県第九大区五小区上妻郡上辺妻村士族　井上一松　印
一定夫五百名　福岡県筑後国山門郡第四大区二小区糀屋町平民　森久五郎　㊞
一定夫百名　熊本県第八大区十小区関東村　百長　内堀大平　印
一定夫百名　熊本県第八大区四小区府中村　吉田東春　北野
一人夫百五拾名　熊本県第八大区十小区関町　猿渡佐平　㊞
一同百四拾六名　熊本県第六大区十四小区芋生村士族　百人長　稲葉繁太郎　印
一同千五百二拾名　長崎県四十大区一小区牛嶋町　下村辰右衛門　㊞
一同百名　熊本県第六大区十四小区岩野村士族　百人長　太田黒慶次　印
一同五百人　福岡県第五大区三小区上内村士族　千人長　野田真像　印
一同二百名　福岡県第三大区四小区田脇村士族　北原喜三郎　㊞
一同二百人　福岡県第五大区三小区岩本村　三百人長士族　松岡春雄　㊞
一同弐百名　熊本県第八大区十小区関町　二百人長　上永平吉　印
一同五百名　福岡県山門郡第四大区二小区椿原町士族　加藤　榊　印
一同三百名　熊本県第八大区十小区久百井村　猿渡新作　印

夫方弐百名　　福岡県筑後国三池郡橘村　二百人長士族　中村正亀 印
夫方弐百名　　福岡県筑後国三池郡櫪村　　　　　　　山田次郎 印
（熊本県政資料七―一二三）

ここに誓約している一八名とは如何なる人物であろうか。「百人長（百長）」「二百人長」「三百人長」あるいは「千人長」と書かれている人物は、明らかに軍夫の統轄を任とする自らも軍夫であろう。しかし、そのように書かれていない人物はどうであろうか。たとえば、「定雇夫」八二四名を率いる御厨《みくりや》判十には、おそらく彼の住所と思われる地名が書かれているのみであるが、軍夫の請負人であれば、その仕事は輜重部の人夫集会所まで軍夫を連行することで、基本的には終了しているはずであるから、その後の軍夫のことに責任は負わないはずである。しかし、御厨のように多数の軍夫をたばねるという責任を持たされているところからみて、あるいは請負人であって、そのまま自らも軍夫として戦地に赴くことになったのではないかと想像される。そのようにみると、「百人長（百長）」「二百人長」などと肩書きのあるものも、あるいは本来軍夫請負人で、軍夫をたばねて輜重部集会所に行き、そのまま肩書きを与えられたのではないかと思われる。熊本県の署名人に熊本県第八大区のものが多いが、五小区から十小区は征討総督本営の置かれた南関地域に属し、四小区はそれに隣接する荒尾地域の一部である。彼らが、地域の民衆を軍夫に組織してそのまま自らも軍夫となり、責任ある地位を付せられて戦場に赴く、このようなことが一般に行われたのではないかと思われるのである。

筑豊炭田地帯出身の軍夫

筑豊炭田地帯では、軍夫の方が賃金がよいと坑夫はこぞって従軍し、そのために採炭中止に追い込まれるところが大半に及んだといわれるが、頭領と呼ばれる坑夫頭のひとりに田中長吉（本名は市右衛門）という人物がいる。彼は背一面に梟首《きようしゆ》の刺青《いれずみ》をいれていたところから「獄門の乾父《おやぶん》、獄門長吉」と呼ばれる名物男であった。その彼は、

あたかも十年丁丑《ていちゆう》の役起り、福岡も亦《また》不穏の模様を聞き得たれば、一とまず国に帰りて、俠客《きようかく》等の従軍人夫となる者多きより、氏もまた之が志願を為したるに、多年の間生命を資本に売りたる獄門の名は、かかる時には尤《もつと》も頼もしき男に見られ、直ちに人夫百人長とはなれり。百人長の氏は南関より田原坂、鹿児島の加治木迄行きて一先ず家に帰れり。

という。この長吉は、文面からは単身南関の輜重部に乗り込んで軍夫になったのか、軍夫をたばねて輜重部に赴いたのか分からないが、坑夫頭＝頭領という炭坑における地位から

見て、坑夫をたばねて南関に行き、そのまま百人長になったとみてよいであろう。

また、高野与平という頭領は、幕末には長州の奇兵隊に入り、「大胆不敵の骨頭と豪放《ごうほう》不羈《ふき》の意気をこの間に養」ったようで、彼二五歳のとき奇兵隊解散となった後、「兵隊生活の快活なるを慕うの余り、遂に炭坑界にはいるに至」ったという。そして「明治十年にして西南の乱あり。炭坑より従軍する者夥《おびただ》しかりしを以て、氏もまた年の四月に出掛けたるが、二ヶ月計《ばか》りして多分の金を持ち帰えり」という。二ヵ月従軍して大金を持ち帰ったというのであるから、尋常の軍夫ではあり得ない。この後、官軍本営が置かれた豊後の横川で「軍隊附属の侠客」相手に賭博場《とばくじょう》を開いたというのであるから、あるいは軍夫から賭博で賃金を巻き上げたとも考えられるが、百人長などという地位になった可能性はあろう（児玉音末『筑豊鉱業頭領伝』、森崎和江「軍夫階層と西南の役」『暗河』七号、一九七五年）。

使役日数

さて、その後三月二一日に、福岡・熊本両県下軍夫召集概則（『征西戦記稿』巻六五、一七頁）が、さらに九日遅れて三月三〇日になって、山口県下軍夫召集概則が制定された（同二一頁）。これはいうまでもなく、先述した三月一九日決定の「木葉輜重部事務取扱概則」に準拠したものであるが、微妙な違いが認められる。

たとえば、雇用日数については福岡・熊本両県下のものには次のように規定されている。

一、使役日数等ハ予《あらかじ》メ之ヲ決定スル甚タ難シ。何トナレハ戦地ノ景況ニ因《よ》リ、満日ノ者ト雖モ、交換ヲ行フ可ラサレハナリ。

一、前条ノ如ク使役日限ハ決定シ難シト雖モ、戦地ノ使役タル素《もと》ヨリ昼夜ヲ舎《とど》メサルヲ以テ、大凡《おおよ》ソ十五日内外ヲ交換セシメント欲ス。

と、ここまでは明らかに木葉輜重部のものと同じであるが、このあとに「但、交換人夫繰出ノ都合ニ因リ、尚ホ其日数ヲ増加スルコトアルヘキヲ以テ、予メ交換期日等ヲ約スル事ナシ」との、但し書きが添えられているのである。つまり、軍夫本人には、雇用の日限を予め約束はしないというのである。もちろん、よくみると、さきの木葉輜重部の概則に、軍夫に約束する等の文言がみられたわけではないから、福岡・熊本のそれが幾分でも逸脱したものだということはできないが、それ以前の軍夫召集の実際が、日限を約して雇用していたことを考えれば、ここで軍夫本人に約束しないことを明文化したことのもつ意味は大きいといわなければならない。

このころ作成されたと思われる軍夫の「条約書」の雛形がある。参考までに示しておく。

条約書

私儀

此節軍夫御用被仰付候ニ付テハ、夫方何人定抱リ仕リ、御用御座候節ハ何時ニテモ迅速繰出、決テ御間ヲ迦レ申間敷候事。

一、賃銭ノ儀ハ御定ノ通リ、如何成ル苦役ヲ受候モ決テ増給抔《など》願出申間敷候事。

一、賃銭請取方ハ、前日分翌日ニ至リ、通帳ヲ以請取可申事。

但、前日出夫ノ者同夜中罷帰リ不申節ハ、賃銭請取不申、罷帰候翌日ニ至リ請取可申事。

一、小頭並ニ夫方ノ者、戦地及運送途中ニテ逃走致候歟、其他不埒ノ義有之候節は賃銭御渡被下申間敷候事。

一、夫方御不用ニ相成候節ハ、何時タリトモ御解放被仰付候トモ決テ苦情申立間敷候事。

一、出夫ノ節御渡相成候人別鑑札ノ義ハ、帰着ノ節、直チニ返納可致、万一鑑札不足ニ及候ハヽ、如何成ル情実有之候トモ賃銭願出申間敷候事。

一、夫方欠員致候節ハ、其都度々々届出補員ノ義ハ御指揮ヲ受ケ取計可申事。

（熊本県政資料七―一三）

このように、軍夫が雇用されるに際して交わす「条約書」には、雇用日限については全く触れられていないのである。

ここに、輜重部や軍の本音があるのであるが、ただ問題は、このように日限を決めないで民衆を軍夫に集めることができるだろうかということである。もちろん先に例示した筑豊炭田の坑夫のように、進んで志願する軍夫については、日限はさほど問題ではないかも知れないが、一般民衆の組織化ということでは、やはり困難が予想される。

次の史料を見ていただきたい。

一　百人長壱人　　日給弐円五拾銭
　但、人柄重威之人選、戸長保証相添差出可申。
一　二拾人長五人　　同壱人ニ付壱円五拾銭
一　人足百人　　同壱人ニ付七拾五銭
　但、戦場仕役ハ若干之増給ヲ与フ。
　　　　一ト組トス
合百六人
右者《みぎは》木葉七本官軍輜重部雇人足千人至急ニ相募候間、戦場仕役モ支無之所柄ヨリ希望之者有之候ハ、、右之通之賃金ニテ日数十日間、又ハ滞陣夫ニモ雇入候間、早打希望之人夫取調、屋敷番号・歳・名付抔ヲ添ヘテ高瀬人足掛エ差出シ、尤一ト組整備候ハ、隣区仲間組立可申候。勿論人足早着之上ノ所ヨリ繰込、定員相済候得ハ引除ケ申置候ニ付、可成《なるべく》差急ギ可申、此段早打及達候也。

十年三月二十八日

（熊本県政資料七―二）

つまり、戦局急にして、ひとりでも多くの軍夫を一刻も早く確保する必要から、軍は先の押し付け的方法での軍夫募集は困難であると考えたのであろう。ここに、木葉輜重部の概則の、最低雇用日数をも下回る一〇日を日限として雇用せざるを得なくなるのである。もっとも、雇用後、そのように日限を守ったかどうかは疑わしいのであるが。

このことに関連して、興味深いのは、ここに示された百人長以下の賃銭のことである。実は、この前日の三月二七日、軍団輜重司令は、飛鳥井少佐の名で、福岡・山口・熊本三県の県官宛てに、「隊付及七本輜重部予備人夫等之外、当地砲廠糧食焚出場、本日午後第九時より、此ノ通、賃金引下、此条此旨及御通知候也」と、百人長は「壱円五拾銭」、二拾人長は「壱円」、拾人長は「七拾五銭」、人足は「五拾銭」とするよう達したばかりであったが、この達も結局現実の場では無視されざるを得ないのである。それなりの条件なくしては軍夫は集められないのである。

少し遅れて三月三〇日に制定された「山口県下軍夫召集概則」には、そうした事情が明確に述べられている。すなわちその前文には次のように書かれている。

一、山口県人夫ハ未タ交換ノ方法アラスト雖《いえど》モ、之ヲ設ケスンハ昼夜ノ使役追々疲労シ、加之《しかのみならず》滞在日数ニ及ヒ、彼等モ亦営業ニ障害アル必然タルヲ以テ、必ス苦情ヲ鳴ラスニ至ラン。因《よっ》テ別冊概則ニ基キ日々三百人ヲ召集交換施行致度事。

このように軍夫の雇用を彼らの生業（生活）と関連させて述べた文書は、これが最初ではないかと思われるが、こうして山口県の場合、「概略二十日内外使役スルモノハ交換帰県セシムルモノトス」と規定されたのである。

軍夫鑑札

四月六日、熊本県官（真鍋の印あり）は、遠近一等属（木葉《このは》輜重部にいると思われる）に送った書簡で、軍夫には木の鑑札を渡すはずで、余分に用意していたが、不足してしまったため紙の鑑札を交付する、木鑑札を至急廻してほしいと訴えている。

ところで、この木の鑑札は、「軍夫雇章ハ当地参着ノ上之ヲ附与セントセハ必ス混淆、至急ノ用ニ供シ難カルヘシ、因テ県地発途ノ際県庁ニ於テ、人毎ニ之ヲ付与スルモノトス」（「福岡熊本県下軍夫召集概則」）とあるように、県地を出発する際手交されるものである。山口県の場合も同様である。そして、この木札は「縦二寸・横一寸五分」で（「山口県下軍夫召集概則」、福岡・熊本のそれには大きさの規定がない）、表中央に県名が墨書され、裏の中央には県印が焼き印されている。ただ、これだけのものであるが、軍夫がこれを紛失したりすれば、本人はもちろん百人長や二十人長にもペナルティーが課せられる。四月二八日付で高瀬輜重部が出した「仮規則」（県政資料七―二）は、第五条で、「印鑑万一紛失致スモノ有之トキハ、其本人ハ一月分ノ給料ヲ引去リ、百長及二十人長以下同組ノモノモ日給十分ノ一ヲ引去リ、印鑑改正之費用ニ可相充候事」といい、また第六条で、印鑑を他人へ貸与した者は、借り受けた者ともども処分すると注意している。

　ここにいう印鑑は、いうまでもなく鑑札のことで、これを身につけて戦場に赴くのである、ときには弾の下をかいくぐることもあろう。そんなときにも、この鑑札は落とすわけ

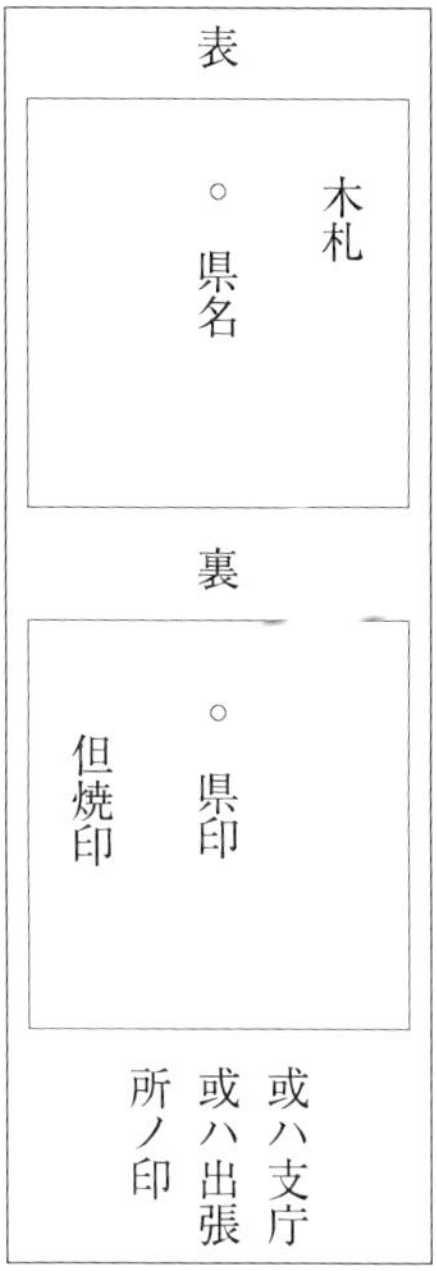

図24　木札

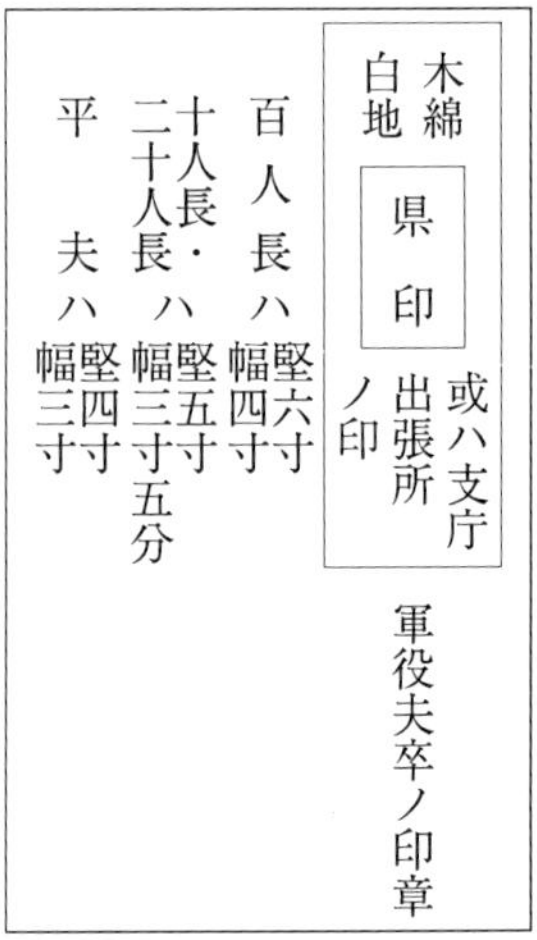

図25　軍夫の印章

にはいかないというのである。

　ところで、軍夫は、この鑑札のほかにも印章の携帯を義務づけられた。これについては、「印鑑渡方規則」（県政資料七—一二、作成は四月ごろと思われる）には、「県官以下区戸長・用掛・探偵方並ニ買物方等」に付与される「熊本県之印章」、「熊本県市街通行之印」のほかに、「軍夫夫卒之印章」についての規定がある。これは白地の木綿布に「県印或ハ支庁出張所ノ印」が押されたもので、「百人長ハ堅六寸幅四寸、十人長・二十人長ハ堅五寸幅三寸五分、平夫ハ堅四寸幅三寸」と、平夫から百人長へと重責になるにしたがって大きくなるが、この印章は、おそらく上衣に縫いつけたものと思われる。

軍夫の軍属化

天草島民の軍夫拒否

熊本県天草支庁詰三等属増田知は、権令心得石井省一郎等に宛てて次のように報告している。

去月（二月）二十三、四日頃、兼テ出張（牛深）罷在《まかりあり》候荒尾八等属へ、鳳翔艦々長ヨリ、精米及ビ人夫・端船予備手当ノ依頼有之《これあり》候ニ付、其段各区へ達シニ及候処、僻地之頑民共直ニ危険ノ場所へ使役ノ事ト心得、癡情《ちじょう》申募リ沸騰、戸長詰所へ多人数集合相迫候ニ付、官員派出、夫々《それぞれ》鎮撫説諭致サセ候得共、流染《るせん》ノ弊ヲ生ジ、所々少物議有之、宮ノ河内ハ凶器ヲ以テ戸長へ迫ルノ勢、大矢野ハ二、三百名集合候得共、皆其巨魁《きょかい》ヲ縛シ、其他ハ漸ク鎮静ノ見込。（『事変西南之役　探偵書一』熊本博物

館所蔵。熊本女子大学郷土文化研究所『西南役と熊本』〈熊本県史料集成十三巻〉所収）

この大矢野《おおやの》島村民の沸騰は、同じ天草支庁詰等外三等吉田又太郎提出の「覚書」（同『事変西南之役　探偵書二』）によれば、三月三日のことで、「数百名ノ村民、軍事御手当等ノ儀ニ付相拒ミ、戸長詰所へ相迫り」と記されている。このような軍夫徴集に反対して戸長役場などに押しかける動きは、第十五大区一・二小区の大矢野を皮切りに同十一小区の町山口、三小区の今津に、そして三月二三、二四日に第十六大区八小区の宮野河内・深海に及び、第十五大区六小区の御所浦では、軍夫差し出しの督促に訪れた県の役人に向かって、「あの者を打ち殺せ」と叫んで多数の村民が集合するといった事態になった（鶴田文史「天草〝明治三大騒動〟と近代熊本」『近代熊本』一七号、一九七五年。本渡市教育委員会『天草の歴史』一九六二年）。

軍夫は、建前の上では、本人の希望によって募集されることになっていた。筑豊炭鉱地帯の坑夫のようにこれに率先して応じた者も多くあったに違いないが、より多くは強制的に割り当てられて徴用された。この天草では、予め「籤《くじ》」で軍夫に出るものを決めていたが、いざ別動第二旅団による軍夫徴集が行われるという段になって反乱に及んでいるのである。

このように、県や軍は、軍夫徴集を拒む民衆に手こずることもあったが、一旦徴集された軍夫の脱走者が、次第に増えていくことに対して、手を打たなければならない事態に遭遇するのである。戦争が長引き、田植えをはじめとする農繁期を迎えると、農民は一日も早く帰郷したいと念ずるようになるのはいわば自然の成り行きである。しかも、いつ犠牲者となるかも知れないのである。脱走者が生まれる所以《ゆえん》である。

脱　走

さて、公的な規則などで「脱走」について何らかの規定が設けられた最初のものは、おそらく四月六日の「証券記注方法及ヒ金員支償ノ順序」ではなかろうかと思う。これは、軍夫に賃銭を支払うための基本証券ともいえるものの記注方法を定めたものであるが、その中に、「脱走ノ件ハ、夫長ノ申出有ル者ハ固《もと》ヨリ、七本《ななもと》輜重部ニ於テ脱走ト認定シ、詮議ノ上相違ナキ者ハ直チニ之ヲ記入スル者トス」とある。すなわち、百人長の申し出だけでなく、輜重部が「脱走」と認定した場合、その旨を証券に記載して、賃金等の支払いはこれを行わない、というのがこの規定の意味なのである。

さて、五月一五日熊本県権令富岡敬明は区戸長宛てに「示諭」（番外乙第十四号、県政資料七—一）を達している。すなわち、熊本県下から各軍団に送られた軍夫については、各百人長以下の名簿が提出されている。ところが、「実際名簿ニ違《たが》フ人夫間々有之《ままこれあり》、戦地負傷或ハ死亡之節手当支給方ニ差支不都合」である。県地発途の節精々注意されたい、というのである。

この、「示諭」がいうところの「実際名簿ニ違フ人夫間々有之」とは如何なる意味であろうか。名簿の人夫が負傷あるいは死亡した場合であれば、それはやむを得ないこととして報告すればよいことであるから、大方そうではない。大方と言うのは、戦下で人知れず死傷することはあり得るからである。とすれば、名簿にありながらその人がいないということは、その人物は逃亡したとみるのが妥当であろう。逃亡は、百人長の責任ともなるのであるから、責任を回避するために人夫の頭数を揃えるといった手が打たれた、その結果、名簿の人物とは違う者が人夫の仲間入りをしているという現象が起きるのだろう。

軍夫ハ軍属ト做ス

富岡権令が「示諭」を達したと同じ五月一五日、征討総督本営は「読法《とくほう》」（『征西戦記稿』巻六五、四五頁。県政資料七―一二六）を公布して、軍夫を軍属とみなすとの重要な決定を、いともあっさりとやってしまったのである。これまで、軍夫の取り締まりについては対症療法的に罰則を設けたりして対応してきたが、ここにいたって、軍夫も軍属であるとして、規律・統制については軍人同等の扱いをするとしたのである。その前文を示しておこう。

凡《およ》ソ軍団ニ属スル役夫ハ左ノ条々兼テ可相心得事《あいこころうべきこと》。

一、軍団ノ役夫タル者ハ、一体ニ軍属ト做《な》シ、諸《もろもろ》ノ犯罪ハ軍律ヲ以《もつて》処ス。軍律ハ戦地ニアリテハ一層厳重ナル者ト可心得事。

一、三人以上申合セ、宜《よろ》シカラサル事ヲタクラム、之ヲ徒党ト云ヒ、徒党ハ軍法ニヲイテ厳禁ト可心得事。

一、脱走・強盗・押買・押借並ニ理不尽ノ金談ニ及フ者、其他一切ノ悪党ハ細少ト雖《いえど》モ、罪科可申付事。

一、誠実ヲ旨トシ万事ノ御用向入念可相勤事。

「読法」はこの四ヵ条だけであるが、これには次のような添え書きがある。

軍中ニ傭役スル人夫ハ即チ軍属ニ付、若シ犯罪等有之節ハ、軍律ヲ以可論者ニ付、爾《じ》来《らい》召集之節ハ必ス於県地別紙之読法為読聞候様可致、此旨相達候事。

但、既ニ傭役之分ハ軍団及ヒ旅団ニ於テ、読法為読聞候事。

五月十五日　　征討総督本部

軍夫はいうまでもなく人夫であり、糧食・弾薬等の運搬を主たる任務とする者である。

戦争の遂行によってこうした労力が不可欠であり、その労力を戦力の内に数えることに無理はないであろう。しかし、彼らは身に一切の武器を持たず、敵と直接対峙しても自らの身を守る手段をもたないのである。官軍が軍事的に制圧した地域、あるいは県（庁）の支配の届く地域から、半ば強制的に掻き集めてきた人夫集団である。徴兵軍隊の軍人も、その意味では強制的に召集された兵力であり、この戦争の正当性への確信が戦闘参加の動機では決してあり得ない。だから、その点では軍夫と同じではあるが、彼らは明らかに兵器を携えた兵士であり、軍旗・軍律の中にあるが、軍夫の場合は、全く一時的な雇用の、丸腰の人夫に過ぎないのである（ただし、人夫取締・護送人については帯剣が認められた。三月一三日に熊本県第八万区六小区玉名郡の人夫取締・四十一名惣代立花登が区・戸長の添印をもって「帯剣御願」〈県政資料七―三四〉を県権令心得内務権大書記官石井省一郎に提出したところ、翌日「軍夫ヲ使役スル属吏ニ帯剣ヲ允サル（制馭上ノ便宜ヲ計ルナリ）」と、人夫取締を属吏とみなして帯剣を認め、四月一日制定の「護送人職務」〈『征西戦記稿』巻六五〉では、「護送人ハ特別ノ詮議ヲ以テ銃剣ヲ下付ス」と定めた）。これを軍属として軍旗・軍律の規制の対象とするのは、明らかに法の逸脱である。

しかし、あえて法の逸脱を犯さなければならなかったところに、軍夫の統制が容易ならざるところに立ち至っていることを示しているのである。時は五月であり、九州の各地は田植えの農繁期のただ中にあった。踏み荒らされた田畑も広汎に及んだ。軍夫にとって、生死を賭けた人夫労働は一日も早く切り上げたいものであった。運搬の途中で薩軍の攻撃を受けると、彼らは物資を捨てて逃走、そのまま戻らなくなる例は枚挙に遑《いとま》ないほどであった。こうした軍夫の取り締まり、統制は、これまでの対症療法的措置では済まなくなったと、軍は考えたのだろう。ここに、法を逸脱しても、軍夫を軍属とみなすとの決定を行う事情があった。それにしても、「三人以上申合セ、宜シカラサル事ヲタクラム、之ヲ徒党ト云ヒ」などの表現は、近世の百姓一揆の禁令と全く同質である。一方、「脱走・強盗・押買・押借並ニ理不尽ノ金談ニ及フ」ことを禁じたのは、幕末から明治にかけての世直し一揆の自己規制を引き継いだものである。ともあれ、この「読法」によって、軍夫はその行動の一切が、軍律・軍法によって裁かれる身となったのである。

「読法」公布の日について

ところで、この「読法」公布の日について、『征西戦記稿』は、五月一九日と記録している。すなわち、「(五月) 十九日本営諭達アリ。曰ク山口・福岡・熊本三県へ左ノ旨ヲ達シタリト」と記している。これは、県政資料をもとに示した先の史料と四日間の開きがある。どちらが正しい記録なのかについて検討しておく必要がある。両者を細かくみると、いくつかの相違点が発見できる。

第一に、県政史料のもの（以下Aとする）には「読法」なるタイトルは付けられず、総督本営の添え書き中に「読法」と書かれているのに対して、『征西戦記稿』所載のもの（以下Bとする）では、「読法」なるタイトルのもとに、「凡ソ軍団ニ云々」と本文がつづいている。

第二は、「読法」の文言についても僅かではあるが差違が認められる。最初の一つ書き（第一条）において、Aでは「軍属ト做《な》シ」とあるのが、Bでは「軍属ト看做《みな》シ」に、またAでは「軍律ヲ以」・「戦地ニアリテハ」・「一層厳重ナル者」とあるのが、Bでは「軍律ヲ以テ」・「戦地ニ在リテハ」・「一層厳重ナルモノ」となっているのが認められる。しかし、これらは、写本の段階で容易に起こる変化であるから、とくに問題とするにあたらない。

第三は、Bにおいては、「読法」に先立って、前文ともいえるものがあるのである。すなわち、

軍夫ハ即チ軍属ナリ。若シ罪ヲ犯スコトアレハ軍律ヲ以テ論スヘシ。故ニ召集ノ時必ス県地ニ於テ読法ヲ読知スヘシ。

と。この文章は、文言は明らかに相違してはいるが、内容はAの総督本営の添書と同じで

ある。このBの前書きも、Aの添書も、「召集」の際「県地」において軍夫に読み聞かせるよう指示しているものである。Aには、その「県地」について、山口・福岡・熊本三県を明示していないが、軍夫召集の中心たる三県が念頭にあったであろうことはいうまでもなかろう。

以上の検討から、次のようにいうことができるだろう。すなわち、この「読法」は五月一五日に征討総督本営から添書を付して公布された。この添書は「読法」のいわば施行細則であり、「読法」本文とあわせて実効あるものとされたのである。しかも、これは法体系の大きな変更を意味するものであるから、それ自身は天下に公にされる必要があった。すなわち、軍夫召集を行う三県に対してのみ出されたのではないのである。したがって、この公布につづいて次の段階が、三県への直接の指示であり、これが五月一九日に行われた、その際、「読法」の名が付され、添書の内容が要約的に前文に改められたと考えられる。その転写の際に、故意にか、それとも誤ってか、文言に若干の変化が生まれたのであろう。

したがって、「読法」の公布は、五月一九日ではなく、五月一五日であると確定してよい。

戦局は、官軍に有利に展開しつつあったとはいえ、戦争はいつ果てるとも知れなかった。戦場は、南は水俣・佐敷《さしき》そして人吉に、東は高森を経て大分県の玉来《たまらい》へと移動した。それに伴い、五月一六日には八代に、五月二三日には玉来に輜重部（出張所）を置いて対応し、一方、五月二五日には木葉出張所を、ついで隈《わい》府《ふ》・大津出張所をも廃止し、軍夫の徴募は高瀬出張所のみで行うことにするのである。六月一〇日高瀬出張の鴨下八等属は、大津出張の久米長順九等属に宛てて、輜重部軍夫召募については、これまで、隈府・大津・高瀬の三ヵ所で行ってきたが、以後高瀬一ヵ所でのみ行うから、大津出張所の軍夫徴募は六月一一日の一〇〇人を最後とし、以後その必要はないと達している（県政史料七—一二六）。隈府・大津出張所の廃止は、おそらく出張所を維持する余裕がなくなったからだと思われるが、軍夫の徴募という重要な仕事をすべて高瀬出張所が担わなくてはならなくなるのである。

予備軍夫の新設

この少し前の六月二日、輜重本部は「熊本県下予備軍夫召集概則」を制定公布している。これは、軍団輜重司令が三月一七日に制定した軍夫募集に関する規則（「木葉輜重部事務取扱概則」）を前提に、新たに「予備軍夫」なるものについて、その募集方法等を定めたものである。この全一四条の「熊本県下予備軍夫召集概則」における予備軍夫は、その編成においても用役についてもこれまでの軍夫と変わりはない。用役日数について、「実役二十日ヲ以テ交換帰郷」させるとはいえ、「交換人夫繰出ノ都合」もあるからあらかじめ期日の約束はしないというのも、基本的な姿勢において変わりはない。

　では、なぜあえて「予備軍夫」を召集しようというのか。重要なことは、「足留」の規定が、重視されていることである。これまでの軍夫については、一日に一〇〇人あるいは二〇〇人というように徴募して、それを佐敷などの輜重部出張所に送り届け、輜重部は百人長らに彼らを引率させて、直ちに戦地に繰り出させたのであるが、「当県ニ於テ募集之人夫ハ……日々百名宛逓送可致《いたすべし》、併シ調兼候時ハ五十人或ハ八十人ニテ宜敷《よろしく》ト中事ナレハ太々《はなはだ》心易シ」（六月九日付、県政資料七―一―六）と高瀬出張所の鴨下八等属が佐敷の久米九等属宛てに本音を洩らしていたように、必要な人数を集められないということがあるのである。だから、予め集められるだけ集めて、佐敷等へ送りそこに滞留させ、その中から必要な数の軍夫を戦地に送るということを考えたのだろう。つまり、これまでのような募集方法では、必要なときに必要なだけ確実に軍夫を確保できない、したがって、集められるだけ集めて、前線間近の輜重部出張所に留め置くことにしたのである。そうした目的で召募される軍夫が予備軍夫なのである。

ところが、六月という農村の繁忙期に、このような措置が可能であろうか。第七大区六小区惣代・八小区（高瀬地域）戸長石川脩平は、六月三日、すなわち予備軍夫の新設が行われた翌日、熊本県官鴨下八等属に対して、次のような伺いを提出している。

従前、軍夫は村ごとに人数が割り当てられており、村では籤引きで出夫の順番を決めるなどして、軍夫の徴募に応じてきた。自分たちの村々は戦場となり、農工商の道は絶え、中以下の農民は貯えも底をついてしまった。しかし、戦地が移り、しかも菜種や麦の収穫、ついで苗代・田植えという時期になり、ようやく家業に精を出せるような状況になった。とはいえ、病人や幼い者の外は皆、なお病院の手伝いや負傷者の看護などを行ってきている。ここでまた、予備軍夫と称して村々に強制的に人数が割り当てられようとしている。これでは、出稼ぎにもでられず、家業の農業を維持することもできなくなる。村には、軍夫はもちろん予備軍夫となる人間は払底しているのであり、軍夫とは別に予備軍夫を出す余裕は全くないというのである。

もっとも、次のようにもいっている。自宅にいるのに見合った足留め料が出るのか、あるいは村の都合で何人でも出せるだけ出してよいというのか、と。農民のしたたかさをにじませているが、ともかく戦争の恐怖から逃れて、安心して生業に精を出したいと望んでいるのである。

この「伺」に対して県がどのような回答を出したのか分からないが、軍夫が集められない、あるいは軍夫が逃亡する、つまり軍夫が不足しているといった事態を解決するために、その原因を放置したままで、さらに「予備軍夫」を大量に徴募するという方針が、現実に意味を持ち得なかったであろうことは、容易に想像できることである。

したがって、軍夫の徴募は、従前のものであれ予備であれ、強制性を強めること、一旦集めた軍夫は、容易に交代帰郷させないようにするということで、対応せざるを得なくなるのである。

七月二七日、熊本県の事務掛《がかり》は、同県人馬掛の川尻出張鴨下七等属（高瀬から移動している）に対して、臨時募集という名目で軍夫（おそらく予備軍夫のことだろう）に徴集されたが、一向に解放されない、どうなっているのか、早く解放してほしい、との願書が区長たちから一斉に出されてきている。これは人馬掛が徴募したのであるから、人馬掛から第三旅団輜重部に掛け合ってほしい、というのである（県政資料七―一六）。苦情を寄せられる県の事務掛とすれば、軍夫募集の担当掛である人馬掛にその解決を求めざるをえない。人馬掛が、輜重部とこのことについて協議を遂げたのかどうか、不明だが、こうしたある種詐欺まがいのことをしなければ軍夫の確保は困難になっていたのである。

矛盾だらけの軍夫募集

これまで述べてきたことは、軍夫募集が如何に困難になってきているかを示しているのである、であれば、より広汎な地域から軍夫を集めるのがその一つの解決策になるとは思うのだが、事態はそれとは逆に、軍夫募集を熊本県に限定するという方向に、ことは進んでいたと思われる。六月一〇日付で熊本県権令富岡敬明は、「他県之人夫混淆《こんこう》致、不都合不尠《すくなからず》」しかも「間諜《かんちょう》ノ患《うれい》モ有之《これあり》」と区戸長宛ての「達《たつし》」（防衛研究所図書館所蔵、軍団裁判所M一〇―一一）の中で述べている。

おそらくそれから間もなくのことと思われる、軍夫は熊本県人民に、という方向に向かって明確な方針が出された。

一、熊本県人民ヲ募集スヘシ。

是ハ戦死等ノ障害、且死後ノ手数ヲ省ク故ナリ。（県政資料七―一二六）

というものである。つづく条項で、熊本県人民だけでは軍夫数が不足する場合には、二〇人以内なら他県人を雇用してもよいというが、軍夫本人にまず名乗らせて名簿と照合すべし等と、本人確認を徹底しろとの内容からみて、間諜を大いに気にしていることが分かる。

その後宇土出張所が公布した「軍夫募集仮規則」「周旋方心得」（十年六月とのみあり、

日付は分からない。県政資料七―二六）は、「都《すべ》テ軍夫者他県ノ者ヲ加入スルヲ禁ス」と他県人の参入を禁止したのである。

これによると、軍夫募集は、高瀬出張所から宇土出張所に移動したものと思われるが、移動の正確な日は分からないが、六月三〇日までには熊本県人馬掛が宇土町に置かれたと思われる。その募集地の変更にともなって、あらためて「読法」が再公布され、軍夫の軍属たることが強調されるとともに、このようにより厳格に、軍夫は熊本県人民にかぎるとの決定がなされたのである。その理由は、「戦死等ノ障害、且死後ノ手数ヲ省ク故」とあるが、それだけ多くの犠牲者が生まれていたのである。こうした処理や、経費負担などの問題から、そして間諜の紛れ込むことを防ぐために、このような措置がとられたのである。しかし、これは軍にとっては明らかにジレンマであった。軍夫募集が困難であれば、募集範囲を拡大してでも、必要人員を確保するのが上策であろうが、それではかえって経費負担や戦死者等の処理に手間がかかる。やむなく募集地域を熊本に限定して、つまり処理や経費負担を重視して対応することになったのである。

七月五日、豊後口熊本鎮台輜重部（すでに軍夫が熊本県人民にかぎるとの方針が出されていることを承知していないようである）から、熊本県令に対して、宇土出張において軍夫を徴募し、必要数を調えてから、阿蘇路をこえて豊後口まで送致するより、大分で軍夫を徴募した方がはるかに無駄な経費を使わないで済むではないか、との伺いが出されている（『征西戦記稿』巻六五、五四頁）。これがどのように処理されたのか、史料上で明らかではないが、熊本県はおそらくこの伺いを退けたのではないかと思われる。というのは、熊本県権令富岡敬明は、七月一八日番外乙第四十六号でもって、区戸長に次のように達しているからである。

征討軍団及各旅団輜重部ヨリ召集ノ軍夫志願ノ者ハ、迎町《むかえまち》輜重掛出張所へ直ニ願出候処、詮議ノ次第モ有之、爾後《じご》各小区戸長手元ニ取纏《とりまとめ》、左ノ箇条ニ触レサル者ヲ精撰可致、尤《もっとも》迅速発遣《じんそくはっけん》之儀モ可有之ニ付、別紙軍夫召集概則ニ照準、一層注意聊《いささかも》無延引《えんいんなく》整理致候様可取計《とりはからうべく》、此旨相達候事。

明治十年七月十八日

熊本県権令　富岡敬明

一、身体強壮ニシテ痼疾《こしつ》無ク、物品運搬ノ役ニ堪ユヘキモノ。

一、九州地方何国へ発遣セラレ専ラ戦地弾丸飛来ノ場所へ使役セラレルトモ厭《いと》ハサルモノ。

一、無期限ニテ使役差支ナキモノ。

軍夫は、形式はあくまでも「志願」であるが、権令は区戸長に対して必要なだけの軍夫を集めろとの命令であり、それでいて人物は「詮議」するというのである。そして、重要なことは、九州であればどこへやられても文句は言わないというのであるから、大分県内の戦場にも熊本から軍夫は送るといっているのである。そして、さらに使役は「無期限」だというのであるから、民衆の負担は大きくなる一方であった。

さて、この史料中の「軍夫召集概則」は、その召集の具体的手続である。この名称のものは、先には「福岡・熊本県下軍夫召集概則」（三月二一日）、「山口県下軍夫召集概則」（三月三〇日）があるが、全く別物である。しかし、もはや煩雑であるから、これを示すのは控えるが、この「軍夫召集概則」に添えられた、平夫惣代弐拾人長・百人長が連印で輜重掛出張所に提出する「御請書」の雛形は、示しておかなければならない。

私共儀、軍夫志願ニ付戦地へ御差遣《さしつかわし》相成候上ハ、何《いず》レノ場所ニテモ諸事輜重御部ノ御指示ニ従ヒ御用相勤可申、尤《もつとも》賃銭ノ儀ハ御定規ノ通リ日給料受仕、自然一般賃銭改正相成候節ハ、御定ニ従ヒ聊《いささかも》苦情不申上候。万一御法則ニ背《そむ》キ不埒《ふらち》之《の》所業《しよぎよう》等有《これ》之《ある》節ハ相当ノ御処分ヲ受可申候。此段御請申上候也。

要するに、軍夫になった以上は、一切苦情は言わないと約束させられるのである。

二月下旬から戦場となり、ときに薩軍の支配するところとなり、行政機構も乱れた熊本市中、そして城北一帯は、戦場の移動によって、ようやく行政機構も回復した。このように回復した行政機構を通じて、強制的に割り当てられた数の軍夫を徴発することが権令の意図であった。その結果、実際は、人馬掛に出頭して声をあげて泣いたり、賃銭の受領証も書けないような人物が弐拾人長になったり（七月二〇日付鹿児島県国分出張の熊本県人馬掛の川尻出張同掛宛書翰、県政資料七―一二六）、一三、四歳の少年が平夫に紛れ込んだりといった事態（七月一八日付大窪出張人馬掛の国分出張同掛宛書翰、県政資料七―一二六）が生まれるのである。

以後、軍夫徴募についての、制度上の変化はみられない。

士族反乱と民衆――エピローグ

士族反乱の意味

西南戦争は、士族の、最後にして最大の反乱であった。ここに、士族反乱だというのは、武士が、幕藩体制下で保持していた特権（生殺与奪の権、苗字帯刀、俸禄など）を奪われたことによる不満のはけ口としての反乱（不平士族の反乱）、あるいはその特権を再び取り戻すための戦争行為であるということを意味していない。民衆みずからが武器を持って戦わざるをえないと思える要素を、その反乱がもっていない、いいかえれば、民衆が、その戦争行為に大義を見いだせない、したがって、士族は、士族だけで蜂起し戦わなければならなかった、そういう戦争であったからである。

一八七三年の征韓論争の結末が産み落とした政治運動の一つが、この士族反乱であったとすれば、いま一つは自由民権運動である。この士族反乱と自由民権運動は、ともに有司《ゆうし》専制《せんせい》という、岩倉具視や大久保利通らが国家意志の決定や人事を専制的に掌握する体制を打破すべきであると考える点で共通しているが、士族反乱が、上記の如く民衆を組織しうる論理をもっていなかったのに対して、自由民権運動は、国会開設・条約改正（民族の独立）・地租改正反対（天下り地価反対・資本主義の自生的発展の要求）、あるいは地方自治要求を政策的課題とし、自由あるいは民主の論理と精神をもって、有司専制に対峙したのであり、民衆自身の主体的参加は運動のいわば本質であらねばならなかったのである。

＊　有司専制について　維新政権は個別領有権（藩）の存在を前提にその上位に成立した。そのため明治維新の主体勢力であった討幕派を含めて、藩閥的利害に左右され、国家が抱える内外の課題に即応しがたい状況を、克服するために出身の藩や門地からいちはやく自立し自由になった大久保利通・岩倉具視・三条実美を核軸として、さらに天皇への上奏のルートを一本にして、国家意志決定や人事を独占する体制が生まれた。これは、一八六八年（明治元）閏四月二一日の政体書の公布によって成立し、版籍奉還・廃藩置県などを推進し、一八七三年の征韓論争の破裂、一八八一年（明治一四）の政変という二つの政変によって政府内反対派を放逐し、一八八二年の内閣制、そして明治憲法体制によって終焉する（拙稿「明治維新と有司専制の成立」『待兼山論叢』第三九号、大阪大学大学院文学研究科、二〇〇五年参照）。

では、士族反乱とくに西南戦争において、民衆はどのような境遇に置かれたのか、本書は、戦争における民衆の姿をできるかぎり鮮明にすることを課題とした。

民衆の視点から

放火は、「射界の清掃」なる戦術のもと、二月一九日熊本城下に火を放ったのをこの戦争における嚆矢《こうし》として、のちは官薩両軍がともに繰り返した。弟三友を熊本隊に送り出した吉田如雪《よしだじょせつ》が、官軍だけでなく薩軍が住まい近くの家に放火するのを見て、戦争観をかえてしまったことについてはかつて紹介したことがある（拙稿『西郷隆盛―西南戦争への道―』）。一時ある村を占領して、その村民に握り飯をつくらせたり、負傷者の看病をさせたりした、その村を敵に追われて逃げるとき、彼らはそこに火を放って去った。民衆は、家を失った。田畑は踏み荒らされた。もちろん、死傷した者も多くいた。村民は一方的に犠牲者であった。

軍夫は、官薩両軍にとって、必要不可欠な戦力であった。薩軍は、行軍するその先々で人夫や糧食を調達・徴発した。田原坂周辺の村々では、人夫賃は支払われた形跡がない。官軍の場合、軍夫がどのように召集され、どのような処遇を受けたかについては、本文で詳しく検討したところである。ただ、戦場あるいは兵站《へいたん》となった木葉地域についての叙述から明らかなように、薩軍同様、その場その場で人夫を徴用しているようにみえる。したがって、百人長はもちろん二十人長といった組織的な軍夫徴用とは別に、多くの民衆が協力させられたとみなければならない。それら、軍夫や人夫の多くが死傷しているが、その数は全く明らかではない。官軍墓地が各地につくられ、いまは緑に被われ荘厳な雰囲気を漂わせている。宇蘇浦《うそうら》官軍墓地・七本《ななもと》官軍墓地・高月《たかつき》官軍墓地など、生前の階級に見合った官軍の墓石が整然と居並ぶ脇にひっそりと佇む数基の石柱が、軍夫の犠牲者の存在を証しているにすぎない。なかには警視隊付の軍夫として二俣村へ弾薬輸送中に戦死した宗正弥四郎の名が、その死骸を運搬した軍夫仲間の名前とともに刻字された墓（宇蘇浦官軍墓地）を珍しい例（坂田幸之助「西南戦争」『南関町史』通史下）として、軍夫の名が刻字された墓もあるが、多くは誰のものともしれない。

さて、私が、本書で明らかにした戦争下の民衆のすがたは、実像のほんの僅かの部分にすぎない。もちろん犠牲者ばかりではない、この戦争で大いに儲けたものもいただろう。とはいえ、西南戦争が一般民衆を一方的に犠牲者としたという本質は、その僅かな事実からも明白である。

戦争は狂気である、と思われる史料にも出くわすものである。第一旅団会計部長の川口武定は、三月二七日民家に潜り込んで寝ていたのを発見され自ら眉間に銃丸を撃ち込んで死んだ薩兵を検視し、それを村民に葬らせた。徴役人たちが、その死体を掘りおこし、新鮮な肉だといって奪い合うようにして食するのを見つけて止めさせたと記録し、川口は「甚《ひど》イカナ戦場殺気ノ人ヲ毒スルコト、其ニ鬼域ヲ去ル復タ幾《いくば》クカアル」と慨嘆している（川口『従征日記』熊本市教育委員会、一九七八年）。熊本県阿蘇郡の野尻神社祠掌《ししょう》安藤經俊は自ら望んで熊本隊に加わり各地を転戦して数奇な経験をする。四月一日、七本の合戦で官軍は喇叭《らっぱ》を吹き鳴らして敗走した。逃げた跡に即死とみえる五、六体の官軍の死体が転がっている。それを味方のものが「試切」と称して、「惣身」を「寸々」に切り刻んだという。「実に賊ながら哀《あわれ》也」と述懐する。安藤はこのような経験を一度ならず目撃している（安藤『戦争概略晴雨日誌　明治十年丁丑正月中旬』）。

これも、戦争の実相である。

戦争の大義　そのような目をもって、薩軍をみるとき、西郷隆盛という人物とともに尊王攘夷運動に邁進し、戊辰戦争を戦い、征韓論争での敗北のあと、敬愛する西郷につづいて、ともに下野して郷里鹿児島に帰った私学校の幹部たちは別にして、若い生徒たち、とりわけ麓の郷士たちの多くは、あるいは強制的に、あるいはさまざまな事情からやむなく参戦させられた、軍夫にも似た存在ではなかったかと思われるのである。何やら、政府が西郷暗殺の刺客を差し向けたらしい、どうしてそのようなことをするのか、といった程度の理由で、身を私学校軍に捧げさせられたのである。

その意味からいえば、それに呼応して起こった熊本隊や協同隊、あるいは本書では登場させなかった多くの党薩諸隊は、それぞれ議論の末、蜂起する名分を明確にして参戦した。我が私学校軍が官軍と猛烈な戦闘を繰り返しているのを遥かにみながら、鹿児島から連れてきた愛犬とともに猟を楽しんでいた西郷の姿とは大いに相違するものがある。にもかかわらず、西郷にとって救いであったのは、私学校軍の戦いも、党薩諸隊の戦いも、それらを含めた全体が、西南戦争として、有司専制に立ち向かう戦争としての意味を客観的にもったことである。さらにいえば、西郷は、桐野利秋や篠原国幹あるいは村田新八・別府晋介などに我が身を任せながら、死に場所を捜していた感があり、それにしてはあたら若い多くの命を道連れにしたものではあるが、ともあれ本人が故郷の山で戦死したこと、生き延びなかったことが、鹿児島はもちろん熊本など、多くの参戦者を出し、また多大な犠牲を強いられた周辺地域の人々の、西郷に対する評価を低下させないで済んだのではないか、と思われるのである。

西南戦争から一三〇年をへたいま、いや三〇年前の西南戦争一〇〇周年のときから、私は感じていたのだけれども、かつては被害者であった民衆を祖にもつものも、官軍あるいは薩軍（党薩諸隊）を祖にもつものも、この戦争を、懐かしく振り返るのは何故なのだろうか。時の流れのなかで、戦争の悲惨さが風化してしまったのか、アジア・太平洋戦争のより大きな悲惨が西南戦争の悲惨を後景に押しやってしまったのか、とも思われるのであるが、それだけではないだろうと思う。西郷たちがこの戦争に私的利益を求めたのではないように、大久保利通たち政府の要人たちもまた、権力を私的利益の場とは考えていなかった、そのことを双方ともに認識していたからではないのか。万国公法という弱肉強食の世界にあって、新しい国の形を国家社会のために模索しつづけるもの同士の争いであった、そのように民衆自身も、うすうす感じていたからではなかったか、と思うのである。

一八八九年（明治二二）二月一一日、大日本帝国憲法の発布にあわせて公布された勅令第一二号をもって、西郷隆盛は朝敵の汚名を除かれ、さらに正三位を追贈された。ここに、西郷は復権されるのであるが、明治政府にとって記念すべき行事であり日であるから大赦が行われたというのではない。西郷のさまざまな主張から読みとれる理想の国家体制は、大日本帝国憲法の示す国家像に近似している、ここに復権の本質的根拠があるのである。

さて、本書では、戦史として西南戦争を描くという方法はとらなかった。二月二二日の熊本城をめぐる攻防戦から城山の薩軍が落ちる九月二四日までの七ヵ月余の間には、名に残る戦闘が幾度も繰り返された。田原坂では乱れ飛ぶ官薩両軍の弾丸が空中でかち合うまでの激闘が何日もつづいた。そうした戦争の、攻防の一部始終を丹念に追いかける、戦史としての西南戦争研究は大きな意味をもつ。それは戦略・戦術への検討、また両軍の戦力の比較分析、そして軍事技術についての研究への導入口となり、さらに帝国主義としての天皇制国家の確立と発展そして没落についての洞察につながるはずである。また、西南戦争に関する膨大な史料群の存在は、そうした研究を可能にする条件である。若い研究者がこの研究に参入されることを期待したい。

あとがき

私の西南戦争研究は、恵まれた環境のもとで行われたといえる。一九七四、五年頃であった。士族反乱研究の第一人者であった立命館大学の後藤靖先生から、何かの研究会の折に、「猪飼君、士族反乱研究の再検討をやってみないか」と声をかけられた。西南戦争一〇〇周年をひかえて、先生には何かの心づもりがおありだったのだと思う。それまで、自由民権運動とそれにつながる民党運動などを明治憲法体制との関係の中で検討し、一方で幕末・維新期の農村と民衆運動についてもいくつか論文を書いていた私にとって、士族反乱は、日本の近代天皇制国家成立過程をトータルに認識するための、その二つをつなぐ重要な研究対象だと思い始めていたときであったので、後藤さんのサジェスチョンは、大きな意味をもった。

以来、当の後藤先生の『士族反乱の研究』（青木書店、一九六七年）を含め、それまでの士族反乱の研究の総点検を行った。その理論的検討に目鼻が付きはじめた頃に、熊本大学から来ないかとの誘いをうけた。一九七六年のことである。幸せなめぐり合わせであった。西南戦争の最大の激戦地で、豊富な史料に囲まれての研究の開始である。

赴任の年に、「士族反乱研究の問題点」を『近代熊本』一八号に発表し、翌年、『熊本日日新聞』の、西南戦争一〇〇周年記念の「西南戦争と民衆」の連載企画に、私も加わった。その後、県下のいくつかの自治体史の編纂にかかわり、現地の史料に直接触れる機会を日常的に持つことになった。とくに、田原坂に接し、自らも激戦地となった玉東町の町史編纂事業に加わったことは、重要な意味をもった。地方《じかた》の史料、県や自治体に保管されている行政文書だけではなく、西南戦争に関する史料はできるだけ蒐集しようと努め、防衛庁（現防衛省）防衛研究所図書館に眠っていた膨大な史料、国立国会図書館憲政資料室の大山巌や三浦梧楼文書、京都府立資料館の行在所の史料にもめぐり会うことができた。もちろん鹿児島・宮崎・大分・長崎にも足を運んだ。

熊本は、西南戦争の中心地であるだけではなく、自由民権運動の重要な拠点の一つでもあった。自由民権運動はブルジョア民主主義の革命運動であるのにたいして、士族反乱は封建的諸特権の回復をめざした封建反動であるといった、流布している謬見を克服する素材に満ちてもいた。私が、「有司専制」論を完成させるに、最適の地であったとも言えるし、西郷隆盛についてのいくつかの論考も、こうした条件の下で生まれた。

現在、西南戦争を含めて士族反乱は、それほど興味をそそる研究対象ではないようであるが、地道に史料が発掘され、翻刻され、研究されてきてもいるのである。とくに、鹿児島では西郷に従って出軍した若い私学校の兵士たちの日記が多く紹介されてきている。

さて、本書は、このようにして蒐集された膨大な史料や地道な研究の、その一部を活用しているに過ぎない。ましてや、西南戦争の全体像を示しているものでもない。私は、具体的な事実についての叙述を通して、一般の勤労する民衆にとっての西南戦争の意味、それこそ西南戦争の本質ではないかと思うのだが、それに迫ろうとしたものである。そのなかで、一般の民衆が、戦争にどのようにかかわらせられたのかについての実態とともに、薩軍を構成する私学校の若い兵士たちをもまた、一般の民衆と同じ目線から捉えることができた。また、近代日本における初めての自治政の経験（山鹿の自治政）についても、いくぶんでも明らかにすることができた。

なお、本書の執筆と重なりながら、西郷隆盛のいわゆる「西郷南洲翁遺訓」（全四一条、追加二条）をつぶさに検討する機会を得、また郷里の友とともに自ら熊本隊に飛び込み転戦、連れの一人を戦死させてのち、ひとり山野を駆け巡って隊を追い、途中求められて小学校の教師となるなど、数奇な経験を繰り返した熊本・阿蘇の一神官の日記を翻刻・公刊した。いずれも、西南戦争の意味を問い、その実像に迫るものである。あわせてお読みいただければ幸甚である。

最後に、史料を提供していただいたり、私の研究を支えていただいた多くの方々に心から感謝申し上げたい。写真・図版の掲載を快く承諾していただいた、鹿児島県立図書館、熊本城顕彰会、熊本市立熊本博物館、富重写真館、佐々淳行さん、上田明倫さん、そして青潮社の高野和人さんに御礼申し上げる。

二〇〇八年一月一五日

猪飼隆明

著者紹介

一九四四年、福井県に生まれる
一九七四年、京都大学大学院文学研究科博士課程単位取得退学
現在、大阪大学名誉教授

主要著書
西郷隆盛―西南戦争への道―　熊本の明治秘史　ハンナ・リデルと回春病院　「性の隔離」と隔離政策―ハンナ・リデルと日本の選択―　南洲翁遺訓(訳)

歴史文化ライブラリー
253

西南戦争
戦争の大義と動員される民衆

二〇〇八年(平成二十)四月一日　第一刷発行
二〇一〇年(平成二十二)五月二十日　第二刷発行

著　者　猪《い》飼《かい》隆《たか》明《あき》
発行者　前田求恭
発行所　株式会社　吉川弘文館
東京都文京区本郷七丁目二番八号
郵便番号一一三―〇〇三三
電話〇三―三八一三―九一五一〈代表〉
振替口座〇〇一〇〇―五―二四四
http://www.yoshikawa-k.co.jp/
印刷＝株式会社平文社
製本＝ナショナル製本協同組合
装幀＝清水良洋・原田恵都子

歴史文化ライブラリー

1996.10

刊行のことば

現今の日本および国際社会は、さまざまな面で大変動の時代を迎えておりますが、近づきつつある二十一世紀は人類史の到達点として、物質的な繁栄のみならず文化や自然・社会環境を謳歌できる平和な社会でなければなりません。しかしながら高度成長・技術革新にともなう急激な変貌は「自己本位な刹那主義」の風潮を生みだし、先人が築いてきた歴史や文化に学ぶ余裕もなく、いまだ明るい人類の将来が展望できていないようにも見えます。このような状況を踏まえ、よりよい二十一世紀社会を築くために、人類誕生から現在に至る「人類の遺産・教訓」としてのあらゆる分野の歴史と文化を「歴史文化ライブラリー」として刊行することといたしました。

小社は、安政四年（一八五七）の創業以来、一貫して歴史学を中心とした専門出版社として書籍を刊行しつづけてまいりました。その経験を生かし、学問成果にもとづいた本叢書を刊行し社会的要請に応えて行きたいと考えております。

現代は、マスメディアが発達した高度情報化社会といわれますが、私どもはあくまでも活字を主体とした出版こそ、ものの本質を考える基礎と信じ、本叢書をとおして社会に訴えてまいりたいと思います。これから生まれでる一冊一冊が、それぞれの読者を知的冒険の旅へと誘い、希望に満ちた人類の未来を構築する糧となれば幸いです。

吉川弘文館

〈オンデマンド版〉
西南戦争
戦争の大義と動員される民衆

On Demand
歴史文化ライブラリー
253

2022年（令和4）10月1日　発行

著　者　猪《い》飼《かい》隆《たか》明《あき》
発行者　吉川道郎
発行所　株式会社　吉川弘文館
〒113-0033　東京都文京区本郷7丁目2番8号
TEL　03-3813-9151〈代表〉
URL　http://www.yoshikawa-k.co.jp/

印刷・製本　大日本印刷株式会社
装　幀　清水良洋・宮崎萌美

猪飼隆明（1944～）

ISBN978-4-642-75653-2